4/19   78-
        6/4

Lettre ouverte
d'un " chien " à
François Mitterrand
au nom de
la liberté d'aboyer

DU MÊME AUTEUR

LES CORROMPUS
La Table Ronde, 1971

DOSSIER S... COMME SANGUINETTI
Éditions Alain Moreau, 1973

TOUS COUPABLES
(Dossier O.R.T.F. — 1944-1974)
Éditions Albin Michel

LES FINANCES DU P.C.F.
Éditions Albin Michel, 1977

LA FRANCE COMMUNISTE
Éditions Albin Michel, 1978

LES SECRETS DE LA BANQUE SOVIÉTIQUE EN FRANCE
Éditions Albin Michel, 1979

LA MAFFIA DES SYNDICATS
Éditions Albin Michel, 1981

850 JOURS POUR ABATTRE RENÉ LUCET
(Les secrets d'une exécution politique)
Éditions Albin Michel, 1982

JEAN MONTALDO

Lettre ouverte d'un " chien " à François Mitterrand au nom de la liberté d'aboyer

Albin Michel

Collection « Lettre ouverte »

© Éditions Albin Michel S.A., 1993
22, rue Huyghens, 75014 Paris

ISBN 2-226-06535-0
ISSN 0755-1789

*En mémoire
de mon ami Jacques Roseau,
assassiné par le mensonge,
le 5 mars 1993.*

« *À quoi bon distinguer entre les traîtres, les lâches et les imbéciles ? se demande l'opinion publique excédée. Ils sont trop ! » Voilà bien le péril, en effet. L'énorme proportion des coupables finit toujours par détruire chez les non-coupables le sens de la culpabilité. L'horrible satiété du mépris dégrade peu à peu, irréparablement, la foi dans l'Homme, dans l'honneur de l'Homme, c'est-à-dire en fin de compte dans la Liberté. Ce pessimisme foncier n'inspire jamais sans dommage l'action des politiques, mais lorsqu'il a corrompu le jugement de tous, un peuple est mûr pour la servitude.*

Georges BERNANOS
« La Tentation du dégoût »,
Combat, 5 août 1945.

« *Cave canem* »

Paris, le 10 mai 1993

Monsieur le Président de la République,

Je ne vous aurais jamais écrit cette lettre ouverte, si le discours que vous avez prononcé, le 4 mai 1993 à Nevers, lors des obsèques de Pierre Bérégovoy ne m'avait indigné. Par l'une de ces provocations dont vous êtes coutumier, vous vous êtes autorisé à insulter nos juges et à traîner dans la boue toute une profession, la mienne. Vous avez traité les journalistes de « chiens », sans avoir ni le courage de les désigner franchement ni l'honnêteté de justifier votre accusation autrement que par des invectives et des trémolos d'estrade.

Le mot « chien » que vous avez choisi pour nous injurier, en un si pénible moment — au sens figuré, il signifie « canaille » —, m'oblige à réagir, à prendre la plume.

« Chiens » dites-vous ? Eh bien, soit !

Au nom de la Liberté d'aboyer, j'endosse le qualificatif.

Chacun sait que des « chiens » de presse, vous

n'avez jamais apprécié que les caniches, les plumitifs dociles, faire-valoir de Votre Sérénité. Malheureusement pour vous, je ne suis pas de cette minorité microcosmique. De gauche, de droite, du centre ou d'ailleurs, les journalistes que vous semblez tant abhorrer, et sur lesquels vous avez essayé, à Nevers, de vous décharger de vos propres fautes, n'oublieront pas de sitôt votre compliment. Ils garderont votre outrage en mémoire, car il fut prononcé à la porte du cimetière.

Vous avez, Monsieur le Président de la République, troublé la paix des morts. Comme d'autres les font voter, vous, pour régler vos comptes, vous les faites parler. Votre ancien conseiller à l'Élysée, l'écrivain Régis Debray, s'exprime en orfèvre lorsqu'il écrit dans sa *Critique de la raison politique* :

« La politique rend bête, fou et furieux. »

Je ne sais, pour ma part, comment qualifier ce que vous avez dit de nous, ce 4 mai 1993, devant la dépouille de Pierre Bérégovoy. Je vous cite :

« Toutes les explications du monde ne justifieront pas qu'on ait pu livrer aux chiens l'honneur d'un homme et, finalement, sa vie, au prix d'un double manquement de ses accusateurs aux lois fondamentales de notre République, celles qui protègent la dignité et la liberté de chacun d'entre nous. »

Voilà comment, une nouvelle fois, vous avez tenté de tromper les Français, en recourant au genre dans lequel vous avez toujours excellé : le discours vengeur et grandiloquent. De trop, celui-ci ne vous a pas grandi.

Après Charles Hernu et Roger-Patrice Pelat, vieux compagnons que vous n'aviez pas hésité à abandonner dans l'adversité, c'est Pierre Bérégovoy — votre serviteur admiratif et fidèle — qui venait de vous quitter, terrassé à son tour par une solitude devenue insupportable.

Lors de votre sermon, devant le palais ducal de Nevers, nous vous avons entendu prononcer à notre endroit ces mots que vous vouliez terribles, blessants. Pourtant, je n'ai rien ressenti qui ressemble à un cri du cœur. Comme beaucoup, j'y ai plutôt perçu une ultime manœuvre, bien dans votre style, destinée à vous défausser sur d'autres des responsabilités qui vous incombent.

On attendait Bossuet, nous eûmes Tartufe.

Sans forcer votre nature, vous avez utilisé cette tribune de deuil dans un dessein médiocrement politicien. Votre accent, la musique de vos mots sonnaient faux.

Il vous revenait, bien sûr, de célébrer « la capacité de l'homme d'État, l'honnêteté du citoyen qui a préféré mourir plutôt que de subir l'affront du doute ». Mais, plutôt que de rester sur ce registre, vous nous avez infligé une surréaliste revue de la presse économique anglo-saxonne. À usage personnel. Avec des citations du *New York Times*, de la *Frankfurter Allgemeine Zeitung*, du *Wall Street Journal*, que vous vous étiez fait traduire pour la circonstance, puisque chacun sait que vous ne parlez ni l'anglais ni l'allemand. Sous prétexte de réhabiliter la politique économique menée par Pierre Bérégovoy, vous avez choisi cette occasion pour damer le pion à votre nouveau Premier ministre, Monsieur Édouard Balladur, qui s'apprêtait à rendre public un rapport catastrophique sur l'état des finances de la France.

Vous écouter ainsi, vous l'ancien premier secrétaire du Parti socialiste, l'héritier de Jean Jaurès et de Léon Blum, le signataire du Programme commun de la gauche, citer à votre actif les journaux phares de la pensée capitaliste mondiale, pour bien montrer à quel point la dernière sanction électorale fut injuste à l'égard du gouvernement de Pierre Bérégovoy, avait de quoi laisser pantois.

Faut-il que vous ayez perdu le sens des convenances — après être tombé si bas dans la considération des Français —, pour vous être fourvoyé dans une si pauvre oraison ?

On vous aurait volontiers pardonné cette faute de goût, ce procédé vulgaire, si vous n'aviez eu l'impudence d'assortir votre intervention de cette tirade proprement inadmissible, par laquelle vous avez insulté magistrats et journalistes.

Gratuits, calomnieux, vos propos revêtent une exceptionnelle gravité... car ils traduisent votre souverain mépris de la justice et de la presse, deux rouages pourtant essentiels d'une démocratie digne de ce nom. Ai-je besoin de préciser que, grâce à eux, la France malade de la corruption a pu échapper, ces dernières années, au déshonneur de devenir une république totalement bananière ?

Appelons un « chien » un chien. Si j'ai bien décodé votre subtile pensée, ce sont donc les magistrats qui auraient livré l'honneur de votre ancien Premier ministre, Pierre Bérégovoy, à des journalistes, à des « chiens » ! Merci pour eux, merci pour nous.

Journaliste depuis 1961, je n'ai pas, quant à moi, l'habitude de procéder par anathèmes, ni de m'exprimer par des formules alambiquées et hypocrites. Les lecteurs de mes livres, de mes articles dans les nombreux organes de presse auxquels il m'a été donné de collaborer, ont pu observer que je vais toujours droit au fait, avec la précision de l'horloger.

Puisque vous n'avez pas voulu, Monsieur le Président de la République, mettre en cause nommément les journalistes, j'ose donc me présenter à vous comme l'un de ces « chiens » que vous jetez en pâture à vos troupes décimées, au « peuple de gauche » dépité dont vous n'avez pas encore réalisé qu'il vous tourne le dos.

J'appartiens, Monsieur, à une génération de journalistes formée à la dure discipline de la recherche inlassable de l'information. Partout où elle se trouve. Même au sommet de l'État. Vos amis et vous-même en savez quelque chose.

Jeune journaliste à Alger, à *La Dépêche quoti-*

dienne, mes aînés m'avaient gratifié d'un surnom :
« Scamp », par référence au héros canin d'une des
bandes dessinées de notre journal. Je ne m'en étais
pas offusqué. Pour moi, il ne faisait aucun doute
que tout bon journaliste se doit d'être un chien de
chasse. Sa mission est de lever le gibier et de le
rapporter. Elle n'est pas, comme vous le sous-
entendez, de tuer.

Tout cela, Monsieur Mitterrand, vous le savez
mieux que quiconque, vous qui côtoyez les journalistes depuis près de cinquante ans. Votre fils
Jean-Christophe ne fut-il pas longtemps journaliste à l'Agence France-Presse, avant que vous ne
l'appeliez à vos côtés, à l'Élysée ? De même,
Roland Dumas, votre précédent ministre des
Affaires étrangères, l'un de vos amis les plus
intimes, s'est illustré naguère, en sa qualité d'avocat, dans la défense brillante du *Canard enchaîné,*
l'hebdomadaire qui, le premier, a révélé en février
1993 le fameux « prêt sans intérêt » de Roger-
Patrice Pelat à Pierre Bérégovoy.

Il fut aussi un temps où, dans l'opposition, vous
ne ratiez pas les occasions de flatter les hommes de
presse. Dans la préface de *La Plume au poing,*
ouvrage vite oublié du journaliste Claude Estier,
alors porte-parole du PS, vous écrivez — nous
sommes, il est vrai, en 1977 :

« Le journaliste, du moins celui qui mérite ce
nom, écrit ce qu'il veut, comme il veut. »

Souffrez donc, Monsieur le Président de la
République, que je vous prenne au mot. Soyez
rassuré, il n'est pas dans mes intentions, au fil de

cette lettre, d'acquitter qui que ce soit de ses responsabilités. Qu'il s'agisse des médias ou de ceux appelés à nous juger, « au nom du peuple français ».

Le métier de journaliste, au même titre que celui de magistrat, donne à celui qui l'exerce un pouvoir indéniable. C'est vrai, il y a des mots qui peuvent tuer. Mais journalistes et magistrats ne sont pas des irresponsables. Ils sont soumis à des règles. La loi s'impose à eux, comme à tout citoyen. Le *Code de procédure pénale* fixe les limites des pouvoirs conférés aux juges, ainsi que leurs devoirs. De même, la loi du 29 juillet 1881 et une abondante jurisprudence balisent la Liberté de la presse. Dans nos palais de justice, des chambres, civiles et pénales, se consacrent exclusivement à l'examen des délits de presse. Et depuis 1981, les condamnations ont été alourdies.

Également soumises à la loi de 1881, les maisons d'édition en savent quelque chose. Des auteurs se sont vu condamner pour la publication d'informations qui, après coup, se sont révélées parfaitement exactes. Alors, cessez là vos affabulations.

Nous ne sommes pas, Monsieur le Président, les gazetiers ou écrivains d'un pays sous-développé. La presse française est d'ailleurs critiquée à l'étranger, en particulier dans les pays anglo-saxons, pour son excessif *fair play*, pour la prudence dont elle fait montre dans le traitement de l'information — politique surtout.

À vous entendre lors de cette cérémonie funèbre

à Nevers, la presse et la justice se seraient secrètement liguées pour porter atteinte à l'honneur et à la considération de Pierre Bérégovoy. En d'autres termes, pour le diffamer. Ce qui l'aurait conduit à mettre fin à ses jours.

Infâme, votre accusation doit être démontée. Je vais m'employer, dans ces pages, à redresser la vérité, à dire ce qui s'est réellement passé et, tout crûment, ce que je sais de vous, de vos pratiques et de vos méthodes délétères.

Par votre provocation, Monsieur le Président de la République, vous nous avez placés en état de légitime défense, de légitime réponse. Nous ne saurions vous laisser berner aussi facilement les Français. Il me faut donc faire savoir que ni les juges ni les journalistes n'ont abattu Pierre Bérégovoy, militant sincère, ô combien dévoué.

Certes, le suicide de Pierre Bérégovoy, acte d'une violence extrême, est une sanction. Jusqu'à preuve du contraire, votre ancien Premier ministre n'a pas voulu lui donner de sens particulier. Il est parti, sans rien dire, sans vous écrire, sans surtout vous demander de régler, *post mortem*, quelque compte que ce soit, à sa place.

Est-ce ce silence qui vous a blessé ?

Inutile, Monsieur, de vous trouver des boucs émissaires, de rejeter sur d'autres les échecs et les fautes qui vous incombent.

Le suicide de Pierre Bérégovoy gardera à tout jamais sa part de mystère. Il l'a voulu ainsi. Respectons sa volonté.

Reste ce que vous avez fait du pouvoir, le système que vous avez mis en place pour vous y maintenir, avec le Parti socialiste, jusqu'à conduire celui-ci à sa récente déroute, celle qui, peut-être plus que toute autre chose, a dû désespérer Pierre Bérégovoy.

Au lieu de vous entendre nous traiter de « chiens », j'aurais préféré de vous un examen de conscience. Chef de l'État, vous devez des comptes à la nation. Et nous à nos lecteurs !

Touché par l'acception que vous avez donnée à votre harangue, je vous invite, Monsieur le Président, à pousser jusqu'à Pompéi, lors d'une de vos prochaines escapades en Italie. Sur les murs d'enceinte de leurs demeures, les anciens Romains prévenaient le passant du danger d'en violer l'accès. Ni les cendres volcaniques ni les siècles ne sont venus à bout de ces ellipses gravées sur pierre :

« *Cave canem* », attention au chien.

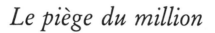

Le piège du million

Vous n'avez pas été le seul, Monsieur le Président, à vouloir utiliser la justice et la presse pour vous libérer de votre mauvaise conscience, après l'annonce de la mort de Pierre Bérégovoy. Vos amis les plus proches y sont allés de leurs petites phrases assassines.

À trop vouloir prouver, on ne convainc personne. Qui pourrait croire, un seul instant, que Pierre Bérégovoy, socialiste endurci, ancien résistant dont la carrière syndicale et politique a commencé au lendemain de la Libération, a été atteint par des articles de presse le mettant en cause au point de s'enfermer dans l'épouvantable dépression qui conduit au suicide ?

Pour le sénateur Michel Charasse, également votre conseiller personnel à l'Élysée — étrange confusion des genres et des pouvoirs ! — il ne fait aucun doute que l'ancien Premier ministre a été moralement massacré par l'appareil judiciaire et par la presse :

« Je serais juge ou journaliste, je ne dormirais pas bien ce soir », s'est empressé de trancher l'inénarrable Charasse, avec son sens aigu de la nuance.

Lui-même empêtré dans une « affaire » qui aurait dû l'inciter à la réserve, le ministre de la Défense François Léotard, président d'honneur du Parti républicain, a sauté, lui aussi, sur l'occasion pour régler ses comptes. Son « Point de vue » publié par *Le Monde,* le 4 mai 1993, sous le titre « La première victime d'une nouvelle culture », a eu le mérite de nous éclairer sur les aptitudes réelles de cet éternel « présidentiable » à gérer les affaires de l'État. Les grands mots — holocauste, haine, fascisme — sont lâchés. Voici le fou du roi dans ses œuvres :

« Pierre Bérégovoy est la première victime d'une nouvelle culture, écrit-il. À sa manière, il préfigure un holocauste à venir, non pas celui de la haine, mais celui plus raffiné, plus modeste aussi, de la dérision. Fascisme élégant du quant-à-soi, charme discret de la calomnie, refus revendiqué de toutes responsabilités, de tout engagement qui ne soit pas d'ironie. Dès lors, être à la mode, c'est être sceptique. Être sceptique, c'est mépriser avec ténacité. Pour certains, c'est diffamer à la petite semaine, comme on fait son marché. Chaque mercredi... le fascisme de l'avenir est dans cette culture méticuleuse. Il enferme chacun dans son discrédit. Il commence par le doute et finit par le soupçon. Il tue plus lentement mais, qu'importe, le temps ne fait rien à l'affaire. Ce fascisme-là, comme l'autre, passe par quelques figures imposées, quelques étapes nécessaires. Il faut détruire la fierté, puis la dignité, puis l'honneur. Au bout du compte, le pantin fonctionne. Il devient ce que

l'on attendait de lui : disloqué, hagard, incertain
[...]. Lorsqu'un canard est enchaîné à son mensonge, il peut courir, comme le font tous les
canards, sans sa tête. Il continue de vivre après la
mort. Ainsi vont quelques médias d'aujourd'hui :
sans tête, ils tournent sur eux-mêmes avant de
s'abattre au fond de la cour, là où s'entassent nos
espérances. »

Vous ne pouviez rêver, Monsieur le Président,
chef des Armées, d'un meilleur ministre d'État,
chargé de votre Défense... Ministre de droite de
surcroît. Vous vous êtes tous deux bien trouvés.
Autant que vous, Frère Léo a toutes les raisons de
détester la volaille. Il doit au *Canard enchaîné* la
révélation de la sombre affaire immobilière, dans
sa bonne ville de Fréjus, qui lui vaut aujourd'hui
d'être quelque peu malmené par la justice. Les
articles du *Canard* ont rendu célèbres sa gentil-
hommière, sa piscine et surtout son mur que, en
bon maçon, il assure avoir construit de ses propres
mains.

Le Canard enchaîné n'a pas besoin de moi
comme avocat. Je sais, pour avoir été dénoncé
comme l'un de ses correspondants dans un livre
barbouzard intitulé *Une enquête de police sur le
Canard enchaîné* (l'ouvrage était assorti de fac-
similés de fiches RG, truffés de bobards et d'âne-
ries) que l'hebdomadaire satirique du mercredi est
assez grand pour se défendre tout seul. Il
convient néanmoins de lui rendre justice. À l'évidence, ni lui ni aucun autre organe de presse
n'ont tué Pierre Bérégovoy. Ignominieuse, l'accu-

sation ne résiste pas à la plus sommaire des analyses.

D'abord, nul n'a jamais contesté les révélations du *Canard enchaîné*. Tout était vrai, vérifié et confirmé par l'intéressé lui-même. Voyons les faits.

Le 3 février 1993, alors que Pierre Bérégovoy vient d'être désigné pour diriger la campagne du PS aux élections législatives, *Le Canard* dévoile l'existence d'un prêt de un million de francs, sans intérêt, généreusement octroyé à Pierre Bérégovoy, le 18 septembre 1986, par votre ami intime, l'homme d'affaires Roger-Patrice Pelat, qui fut votre compagnon de captivité en Allemagne. Enregistré devant notaire et remboursable « avant 1995 », ce prêt a permis de régler une partie des 2,475 millions de francs déboursés par Gilberte et Pierre Bérégovoy pour l'achat de leur appartement de 100 mètres carrés, rue des Belles-Feuilles à Paris, dans le 16e arrondissement, à deux pas de l'avenue Foch. Rien que de très normal à première vue. D'ailleurs, le chef du gouvernement n'est pas inquiet. Lors du Conseil des ministres de ce 3 février, il affiche une parfaite sérénité.

Décédé en mars 1989, en pleine affaire Pechiney — pour laquelle il venait d'être inculpé —, Roger-Patrice Pelat était un homme jovial et généreux qui avait beaucoup d'amis. Les Bérégovoy en étaient. Les deux familles avaient noué des liens étroits depuis que vous les aviez pré-

sentées. Elles se recevaient fréquemment et par-
taient même ensemble en vacances, à l'occasion.

Comme vous l'avez vous-même relevé avant sa
mort, le fait que Pierre Bérégovoy, redevenu
simple député entre 1986 et 1988, ait eu besoin de
se faire prêter de l'argent pour l'acquisition de son
logement parisien plaide plutôt en faveur de la
modicité de son patrimoine et d'une parfaite
honnêteté, après plusieurs années passées aux plus
hautes responsabilités de l'État. Alors, pourquoi la
justice et la presse se sont-elles intéressées à ce
coup de pouce financier d'un homme fortuné à
l'un de ses proches ?

La réponse, Monsieur Mitterrand, vous la connaissez. Vous ne pouvez feindre de l'ignorer.
Roger-Patrice Pelat n'était pas, loin s'en faut, un
homme tout à fait comme les autres. Mis bout à
bout, les événements survenus avant et après que
n'intervienne ce prêt ne pouvaient que jeter une
lumière trouble sur ce dossier et justifier la légitime curiosité de la justice et de la presse.

Avec son parc de voitures de grand luxe —
Mercedes 500, Jaguar XJS 12 cylindres, Rolls-
Royce or métallisé —, sa chasse et son château
princier à La Ferté-Saint-Aubin en Sologne, sa
maison de vacances La Cigarella-Cala en Corse, sa
mystérieuse propriété de Palm Island dans l'archi-
pel exotique des Grenadines, aux Caraïbes, Pelat
ne faisait pas un complexe de son train de vie de
milliardaire, ce qui semblait vous amuser. Sur-
nommé à l'Élysée « Monsieur le vice-président »,
il était, dans sa manière d'être, tout l'opposé de

Pierre Bérégovoy et de la simplicité affichée de celui-ci. Vous étiez bien placé pour le savoir, vous qui partagiez son intimité, à Paris et ailleurs, et qui teniez à le faire souvent figurer dans votre suite lors de vos voyages officiels. Chinois et Indiens en ont conservé un souvenir ému. Dans les meilleurs cercles de la capitale, nul n'ignorait que ce « Rouletabille des affaires » savait utiliser les rapports privilégiés qu'il entretenait avec vous et votre entourage. Ses coups de bourse étaient fameux. Et il savait, mieux que quiconque, monnayer de juteuses commissions sur des ventes d'armement ou de grands contrats, en France et à l'étranger.

Voilà pourquoi, notamment, la révélation du « million de Pelat », généreusement octroyé à Pierre Bérégovoy, n'a pas été le fruit du hasard. Elle a résulté de l'enquête menée depuis Le Mans, le plus légalement du monde, par le juge Thierry Jean-Pierre, forcé de s'intéresser, lors de l'instruction du dossier Heulin, à une commission occulte perçue par Roger-Patrice Pelat, sous forme de travaux gratuits. Montant : 20 millions de francs, dépensés dans son château dit de « L'Écheveau », en Sologne. Ce dessous-de-table date de 1985. Il était la contrepartie de l'obtention d'un contrat en Corée du Nord par la société de construction Campenon Bernard, filiale du puissant groupe Générale des Eaux.

Après avoir découvert le fameux « prêt gratuit » dans les comptes bancaires de Roger-Patrice Pelat, le juge a voulu savoir s'il avait pu avoir un rapport avec l'intervention dans cette affaire de la

COFACE (la Compagnie française d'assurance du commerce extérieur), l'organisme public de financement de nos exportations, placé sous la tutelle du ministre des Finances, à l'époque Pierre Bérégovoy. En outre, le promoteur immobilier Christian Pellerin, cité dans le dossier Heulin et « mis en examen » par Monsieur Jean-Pierre, est lui aussi un familier de l'Élysée, de la famille Pelat et des chasses présidentielles.

Le 2 février 1993 — la veille de la parution du *Canard enchaîné* et alors que celui-ci est déjà sous presse —, Patrice et Olivier Pelat, les deux fils de votre ami disparu, ont donc dû s'expliquer, devant le juge Jean-Pierre, sur la nature du prêt consenti en 1986 à Pierre Bérégovoy, qui, pour compléter le financement de son achat immobilier, avait aussi emprunté 500 000 francs à la BNP et 400 000 francs à l'Assemblée nationale.

Lors de sa déposition, Olivier Pelat prend une initiative qui va tourner le Premier ministre en ridicule. Il tente d'accréditer l'entière bonne foi de Pierre Bérégovoy, quant aux modalités très favorables de ce fameux prêt. Croyant bien faire et alors que, semble-t-il, personne ne lui avait conseillé cet excès de zèle, Olivier Pelat juge astucieux, pour couper court aux rumeurs et balayer d'éventuels soupçons, de faire état de conditions de remboursement pour le moins insolites. À l'en croire, 500 000 francs ont été remboursés par Pierre Bérégovoy, entre 1986 et 1989, sous forme de « livres, meubles d'époque et objets de valeur ». Les 500 000 francs restants auraient été réglés par chèque à la fin de 1992..., date à laquelle l'instruction du juge Jean-Pierre avait déjà débouché sur la découverte du prêt litigieux.

Avec le journaliste François Labrouillère, j'ai expliqué — dans *Le Quotidien de Paris* du 8 février 1993 —, combien la consternation fut grande à l'Hôtel Matignon, après le témoignage des fils Pelat. Si elles tombaient à pic, ces justifications qu'il n'avait certes pas suscitées ont eu pour conséquence d'enfermer le Premier ministre dans un piège redoutable. Je le savais fort en colère. En effet, Pierre Bérégovoy était bien placé pour savoir que ce bric-à-brac de brocanteur n'avait jamais existé que dans l'imagination d'Olivier Pelat. Ce qu'il confirme, peu avant sa mort, à notre ami et confrère Jean Miot, le directeur délégué du *Figaro* Dans un billet publié dans son journal, le 3 mai 1993, Jean Miot témoigne :

« Il y a un mois à peine, au lendemain du sévère verdict des urnes, nous échangions quelques propos, par téléphone (...). Et de m'expliquer que les indications données au juge par le fils Pelat étaient " imbéciles " ; jamais il n'avait prétendu rembourser de la sorte... »

C'est très exactement ce que François Labrouillère et moi-même écrivions dans *Le Quotidien* de Philippe Tesson, dès le 8 février 1993. Ainsi, une bonne part des misères de Pierre Bérégovoy, les moqueries dont il a naturellement souffert à propos de ces pseudo-antiquités sont la conséquence des déclarations fantaisistes d'Olivier

Pelat. La presse, ses dessinateurs et ses humoristes n'y sont strictement pour rien.

L'héritier de votre ami disparu devait penser que sa fable serait facile à faire avaler. Sans doute s'est-il souvenu de l'explication amusante fournie en 1989 par votre cabinet, dans des circonstances analogues, au moment de l'affaire Pechiney, à propos d'un chèque de 150 000 francs que vous aviez reçu de votre copain Pelat. Si d'aventure la mémoire vous faisait défaut, je vous rappelle, Monsieur le Président, ce que les services de l'Élysée, en votre nom, avaient alors déclaré :

« Ces 150 000 francs correspondent au remboursement de livres anciens achetés, lors de ses déplacements à l'étranger, par le Président François Mitterrand pour le compte de son ami collectionneur. »

Révélée par l'hebdomadaire *Le Point,* la trace de ce chèque, émis à votre crédit par Roger-Patrice Pelat, avait été découverte, avenue Raphaël, au domicile de celui-ci, par les policiers de la brigade financière, lors de leur enquête sur les délits d'initiés de l'affaire Pechiney-Triangle, instruite par Madame le juge Édith Boizette.

À l'époque, la justice avait accepté vos explications. Sans mot dire et sans pousser plus loin les vérifications. Gentille, la presse française s'était également montrée d'une exceptionnelle discrétion. Paris n'est ni Washington, ni Londres, ni Rome ! Vous auriez été mieux inspiré de vous en souvenir, Monsieur le Président, avant de vous rendre à Nevers pour insulter les magistrats et traiter les journalistes de « chiens ».

Est-ce parce qu'elle redoutait des découvertes plus embarrassantes que Madame le juge Boizette, à l'inverse de son collègue Jean-Pierre trois ans plus tard, n'a pas fait saisir et examiner, en 1989, les comptes bancaires de Roger-Patrice Pelat ? Si tel avait été le cas, le prêt sans intérêt de 1 million de francs à Pierre Bérégovoy aurait été mis au jour par la justice bien avant. Nous y reviendrons.

Enfermé malgré lui dans le piège du million, Pierre Bérégovoy a choisi de ne pas infirmer l'étonnante déposition d'Olivier Pelat qui va, dès lors, faire les délices du *Bébête Show* et des dessinateurs humoristiques de la presse.

Pouvait-il démentir ? C'eût été jeter la suspicion sur l'ensemble du prêt. Impossible aussi de confirmer ce qui n'a jamais existé, en tout cas officiellement. Il ne restait plus au Premier ministre qu'à se réfugier dans des explications embarrassées et peu convaincantes, refusant mordicus — et pour cause — de fournir la liste des « livres anciens, meubles d'époque et objets de valeur ». Il se contente d'affirmer qu'il n'a « rien à se reprocher » et qu'il « ne redoute rien ». Il ajoute qu'il a « déclaré par acte notarié » ce prêt « consenti par un ami » et en a averti l'administration fiscale. « Je n'ai jamais accepté de dispenser une faveur quelconque à qui que ce soit », insiste-t-il, en demandant à chacun « de juger en conscience ».

Il n'empêche, le mal est fait. Pierre Bérégovoy a

beau faire publier par *Paris-Match,* le 11 février 1993, une lettre de 1984 attestant qu'il s'était formellement opposé à l'octroi par la COFACE d'un crédit destiné au contrat en Corée du Nord — celui pour lequel Roger-Patrice Pelat avait touché sa commission occulte de 20 millions de francs —, il n'en reste pas moins sur un terrain miné.

Dans un courrier du 6 septembre 1984 adressé au Premier ministre Laurent Fabius, le ministre des Finances écrit :

« Les engagements pris de façon autonome par cette société [*Campenon Bernard*] supposent que soit accordé à l'acheteur [*la Corée du Nord*] un crédit de 500 millions de francs couvrant la part française des dépenses relatives au projet. Cette perspective me paraît dangereuse... Le ministre de l'Urbanisme, du Logement et du Transport [*à l'époque Paul Quilès*], pour des raisons compréhensibles, soutient ce projet. En revanche, le ministre du Redéploiement industriel et du Commerce extérieur [*Édith Cresson*] a adopté une position très réservée. »

Pas « chien » du tout, le journaliste François Labrouillère, du *Quotidien de Paris,* a tenu à mettre en exergue, dans un article du 12 février 1993, la conclusion sans ambiguïté de Pierre Bérégovoy :

« Telles sont, écrit-il à Laurent Fabius, les raisons pour lesquelles je ne recommande pas l'octroi du crédit sollicité par la société Campenon Bernard. »

Laurent Fabius passera outre cette mise en garde. Trois mois après, le 4 décembre 1984, le chef du gouvernement d'alors rend son arbitrage. Il octroie la garantie de la COFACE, et donc de l'État, au contrat nord-coréen. Selon *Paris-Match*, un ancien responsable de la COFACE assure que l'Élysée a demandé que l'organisme public prenne le projet en garantie. Vrai ou faux ? Vous seul, Monsieur le Président de la République, connaissez la réponse. Quoi qu'il en soit — et c'était là, pour lui, l'essentiel —, votre ami Roger-Patrice Pelat, futur inculpé dans le scandale Pechiney, pourra comme convenu, pour un total de 20 millions de francs, bénéficier de travaux d'aménagement gratuits dans sa propriété de Sologne, en récompense de la signature du contrat. Vous pourrez ensuite, en week-end héliporté, goûter du charme de ces lieux... et tester la qualité des installations. Sans évidemment en connaître les origines quelque peu douteuses. Même à votre niveau, on ne peut tout savoir !

La polémique sur le « million de Pelat » aurait pu cesser immédiatement si Pierre Bérégovoy avait consenti à répondre à cette question simple :

« Dans quelles conditions et à quelles dates, sur la base de quels documents officiels, ont été effectués les remboursements du million de francs emprunté en 1986 à Roger-Patrice Pelat ? »

Le dimanche 7 février 1993, à la veille de publier, dans *Le Quotidien de Paris*, un article intitulé « Bérégovoy dans le piège du million »,

François Labrouillère et moi-même lui tendons la
perche. Nous lui faisons parvenir, par télécopie,
une lettre courtoise l'invitant à donner sa version
des faits. Par l'intermédiaire d'un membre de son
cabinet, l'ancien journaliste Régis Paranque, Pierre
Bérégovoy nous fait répondre « qu'il faut en rester
à ses précédentes déclarations », qu'il « ne souhaite plus revenir sur le sujet ». Pour lui, « tout est
clair ». Toujours par la voix de son porte-parole, il
ajoute enfin « qu'il fait confiance aux journalistes,
pour qu'ils fassent leur métier ».

Ces propos montrent, si besoin est, que Pierre
Bérégovoy, tout irrité qu'il fût par ce tintamarre,
ne jetait pas la pierre, pour autant, aux journalistes. Ancien ministre d'État, ancien ministre de
l'Économie et des Finances, devenu Premier
ministre, il n'ignorait pas que ces hautes fonctions
exigent une totale transparence et exposent leurs
titulaires à d'éventuelles critiques. Car chacun sait
qu'un homme d'État ne s'appartient pas.

*En mémoire
de mon père... et de Viansson*

Pierre Bérégovoy n'est pas, Monsieur le Président de la République, le premier homme politique français à avoir subi la pression de l'opinion, à travers la presse. Il en est qui furent odieusement salis par une presse, il est vrai extrémiste. On se souvient du sort tragique de Roger Salengro qui mit fin à ses jours, après avoir été accusé, à tort, au moment du Front populaire, par le journal *Gringoire*, très à droite, et les ligues fascistes, d'avoir été un déserteur durant le premier conflit mondial. Dans votre livre *Le Coup d'État permanent*, publié chez Plon en 1965, vous rappelez comment le journaliste Jean Jaurès, fondateur du Parti socialiste français, attaqua violemment, en 1895, le Président de la République Casimir-Perier. Votre lointain prédécesseur eut lui aussi à subir un flot d'injures comme on ne pourrait les imaginer de nos jours.

Plus près de nous, *Le Canard enchaîné* (toujours lui !) a publié la feuille d'impôts du Premier ministre Jacques Chaban-Delmas. Les Français ont ainsi découvert que le chef du gouvernement ne payait que peu d'impôts, en raison d'un avoir fiscal, pourtant parfaitement légal. Et la gauche, alors dans l'opposition, en a fait ses choux gras. Nous n'avons pas le souvenir de vous avoir entendu fustiger cette publication. Ni Chaban, ni Georges Marchais (dont l'hebdomadaire *L'Express* a prouvé qu'il s'était engagé pour aller travailler « volontairement », chez Messerschmitt, dans une usine de guerre d'Adolf Hitler), ni le Président Valéry Giscard d'Estaing (pour « l'affaire des diamants de Bokassa », largement exploitée par l'inévitable *Canard enchaîné*) n'ont été conduits au suicide par la presse.

Vous-même, Monsieur le Président de la République, avez été sévèrement accroché à de multiples reprises, dont une au moins — celle du pseudo-attentat de l'Observatoire, dans la nuit du 15 au 16 octobre 1959 — aurait dû vous coûter votre carrière.

Alors étudiant à Paris, j'ai tout juste dix-huit ans. Il m'arrive de vous croiser au Sénat. Vous n'appartenez pas encore à la famille socialiste. Vous siégez sur les bancs de la Gauche démocratique, dans le même groupe modéré que mon père. Quand vous êtes accusé d'avoir organisé, dans les jardins de l'Observatoire, l'attentat dont vous aviez prétendu être la victime, votre collègue René Montaldo se fie à votre parole. Avant de se raviser, il s'agite comme un beau diable pour convaincre les autres sénateurs de votre innocence. Dans les couloirs du Sénat, à deux pas de l'Observatoire, ses plaidoyers sont passionnés. Il vous défend bec et ongles. La presse s'en fait l'écho. De retour à Alger où vit ma famille, il me faut subir les invectives de mauvais camarades.

« Fils de pourri ! », me lance-t-on.

J'en pleure de rage... et vais jusqu'à me battre. Pour l'honneur de mon père, le vôtre indirectement.

Mais, Monsieur, vous nous avez trompés. Cela, je ne vous le pardonne pas. Je ne connaîtrai que bien plus tard, après la mort de mon père (en 1970), à peu près *tous* les dessous peu ragoûtants de votre pénible affaire. Elle vous valut d'être inculpé pour « outrage à magistrat ». Car, après l'attentat, vous aviez porté plainte.

On va vite apprendre que vous en étiez le commanditaire. Bon politique, vous n'êtes pas moins doué dans l'organisation des coups publicitaires. Cette fois, vous vous dépassez. Quel talent ! On vous met sur un piédestal. Ce n'est pas tous les jours qu'un sénateur et ancien ministre — de l'Intérieur et de la Justice ! — se fait mitrailler dans une rue de Paris et que sa voiture est transformée en poêle à marrons ! Cependant, vous n'avez pas tout prévu. L'homme de main, l'ancien député poujadiste Robert Pesquet, avec lequel vous vous étiez entendu, ne tarde pas à vendre la mèche. Car Pesquet a pris ses précautions. Préventivement, il s'est adressé à lui-même, poste restante (rue de Vaugirard et à Cambremer, près de Lisieux), avant que n'ait lieu le faux attentat, une lettre décrivant point par point tout ce que, ensemble,

vous aviez tramé. Cette mascarade était destinée
— déjà — à vous donner le beau rôle !

Rappelez-vous, Monsieur le Président de la
République : après la fusillade, devant la presse et
la justice, vous vous êtes présenté comme la
victime innocente d'assassins lancés à vos trousses.
Vous êtes alors l'un des principaux opposants au
général de Gaulle. Dans le cabinet du magistrat
Braunschweig chargé d'instruire votre plainte,
vous mentez effrontément en relatant les circonstances de l'attentat bidon, monté à votre instigation. La presse gobe d'abord vos explications. Elle
en fait ses gros titres. Et puis, quatre jours plus
tard, votre complice Robert Pesquet avoue le pot
aux roses dans un article de l'hebdomadaire *Riva-
rol,* franchement à droite. Les détails qu'il fournit
font l'effet d'une bombe. Vous êtes convoqués
tous deux au palais de Justice. Une confrontation a
lieu, dans le cabinet du juge. Vous maintenez votre
version. Malin, Robert Pesquet vous laisse vous
enferrer ; puis explique le coup de la poste restante
et détaille le contenu de la lettre qui décrit les
événements par avance, démontrant ainsi votre
connivence. Outre la relation de vos rencontres, à
plusieurs reprises, pour mettre au point le scéna-
rio, on y trouve tout ce qui s'est réellement passé :
le dîner à la brasserie Lipp, devant laquelle, passé
minuit — l'heure du crime ! —, il devait vous
prendre « en chasse », au soir de ce vendredi
15 octobre 1959 ; le chemin que vous deviez
emprunter pour rejoindre votre domicile, rue

Guynemer, en face du Luxembourg, à bord de votre Peugeot 403 bleue ; l'endroit où il devait entrer en action après une course poursuite, ainsi que celui où vous deviez vous coucher sur l'herbe, dans le jardin de l'Observatoire, après avoir garé votre voiture et sauté une grille. Savamment orchestré, le plan prévoyait que, réfugié derrière une haie, vous donneriez le signal — « Allez-y ! » — pour qu'elle soit truffée de balles, en toute sécurité, le tireur — un certain Abel Dahuron, homme à tout faire de Pesquet — lâchant quelques rafales, en prenant bien soin de ne pas vous atteindre. Vous pourrez prétendre ensuite que, vous sentant suivi par des inconnus, dès la sortie de chez Lipp, et ne pouvant les semer, vous avez stoppé votre véhicule en catastrophe devant les jardins de l'Observatoire et sauté prestement la grille de clôture pour vous cacher derrière une haie de troènes.

Savez-vous, Monsieur le Président de la République, qu'il existe, dans les archives de Pathé-Cinéma, la preuve de votre pitoyable mensonge. Sur un film d'actualité de l'époque, on vous voit, plein cadre, en train de mimer, à l'aide d'une chaise, un saut de haie qui n'a jamais existé que dans votre imagination. Comme Ronald Reagan, vous avez commencé votre carrière dans le cinéma et les films de série B...

Je garde précieusement le témoignage manuscrit, pour l'heure inédit, de Robert Pesquet, tel qu'il me le remit à la fin des années 70. Comme il est de règle, j'ai exigé de lui qu'aucune zone d'ombre ne subsiste. Et sur votre participation à cette pétarade, et sur les circonstances qui l'ont amené à venir vous voir, pour vous prévenir qu'il avait été chargé par d'autres de vous supprimer. Vous l'aviez reçu. Au lieu de prévenir la justice, vous lui aviez demandé de remplir sa mission pour votre propre compte. Habile manière, lui disiez-vous, de déjouer, voire de contrarier à jamais le complot de ses commanditaires, tout en valorisant votre personnage.

En votre qualité de chef de l'État, vous êtes aujourd'hui, Monsieur Mitterrand, le président du Conseil supérieur de la magistrature, garant du respect et de l'indépendance de l'autorité judiciaire. Lors de l'affaire de l'Observatoire, vous avez, pour la première fois, montré toute la considération que vous avez pour elle.

Après la confrontation avec Pesquet, le juge Braunschweig s'était rendu, sous bonne escorte, à la poste restante pour y retrouver la lettre prouvant votre machination. Quand, de retour au palais de Justice, celle-ci fut ouverte en présence de vos avocats respectifs, vous n'avez plus pu nier l'évidence. Pesquet avait dit vrai et vous vous êtes effondré... en pleurs. Vous avez été inculpé d' « outrage à magistrat » par le juge Braunschweig. Le dossier de l'Observatoire sera enterré et vous, vous ne serez jamais jugé.

Mais, quand il éclate, le scandale est énorme. Ainsi, selon votre complice, vous étiez l'un des instigateurs de cette farce historique. De cette accusation, vous vous défendrez longtemps. Les années vont passer. Le 8 août 1966, un non-lieu sera finalement prononcé en faveur de Pesquet et Dahuron, inculpés de tentative d'homicide volontaire. En l'absence d'un crime réel, les magistrats conviennent que « l'attentat » n'a eu lieu qu'avec le consentement de la prétendue victime que vous prétendiez être.

Cette décision de justice, vous ne l'acceptez pas. Têtu, imprudent, vous contre-attaquez, le 7 novembre 1966. Votre appel sera rejeté. La chambre d'accusation vous déboute, le 28 novembre. Elle confirme le non-lieu de vos deux comparses et vous condamne aux frais et aux dépens. Pour les juges, il est en effet établi que l'auteur de l'attentat (Pesquet) avait fait mitrailler (par Dahuron) la voiture de la victime, la vôtre Monsieur le Président de la République. Cela, alors que Pesquet et Dahuron la savaient vide et qu'ils avaient ainsi participé, délibérément, à un attentat simulé. Échaudé par ce camouflet judiciaire, vous n'avez plus insisté. Et vous vous êtes désisté de votre pourvoi en cassation, le 30 mai 1967, ce dont vous ne vous êtes jamais glorifié.

Journalistes et hommes politiques ont été bienveillants. Ils ont préféré, par la suite, ne pas trop insister sur le rappel de cette duperie tragi-comique. Mais quelques-uns de vos amis ne vous l'ont pas pardonné. Ainsi, Pierre Viansson-Ponté, brillant éditorialiste et chroniqueur du *Monde*. Aujourd'hui décédé, Viansson vous consacre plusieurs pages dans *La Lettre ouverte aux hommes politiques* publiée chez Albin Michel en 1976, dans la collection qui m'accueille aujourd'hui. Témoignage terrible, où percent l'amertume et l'indignation de cet intègre journaliste-écrivain... qui fut votre ami, l'un de vos intimes.

Le lendemain de « l'attentat », vous recevez Pierre Viansson-Ponté dans votre appartement de la rue Guynemer. C'est un homme lu, écouté, influent. Vous lui racontez votre aventure, avec force détails, et vous lui désignez les « tueurs » : les ultras d'Alger. Viansson vous fait confiance. Comment pourrait-il douter de votre parole ? Vous vous fréquentez depuis la guerre. Voici comment, dans sa *Lettre ouverte*, en s'adressant directement à vous, Viansson, l'ami trahi — un « chien », lui aussi ? — rend compte du peu de considération que vous aviez déjà pour ceux — même de vos proches ! — qui ont pour mission d'informer.

« [...] Donc, en cette matinée du 16 octobre 1959, chez vous, rue Guynemer, carré dans un fauteuil de votre petit bureau tout encombré de livres, j'interrogeais avec anxiété, avec chaleur, avec le désir d'être convaincu. Et convaincu, je le fus, ce jour-là, par vos réponses, votre récit, vos explications minutieuses. Narcissique, vous sembliez goûter le plaisir, un peu amer en l'occurrence, de vous raconter [...]. La sincérité, l'émotion, c'était visible, l'emportaient sur le calcul. Encore sous le coup de cette folle nuit, vous vous livriez complètement à l'ami compréhensif, bien plus qu'au journaliste si prudent et mesuré fût-il, qui était venu chercher précisément auprès de vous ses rassurantes certitudes. Vous disiez tout, ne cachiez rien, à charge pour celui qui vous écoutait de faire le tri entre ce qui pouvait être publiquement commenté et ce qui était confidence toute personnelle, témoignage d'estime, marque de confiance. " Voilà, vous savez tout ", avez-vous conclu. Tout sauf l'essentiel. Car de votre assassin présumé, ce sinistre Pesquet, des tractations que vous aviez menées avec ce provocateur, des préparatifs faits pour désamorcer le risque et éviter d'autres attentats, vous n'avez pas soufflé mot, même par allusion, même par prétérition. Je savais tout en effet, mais je ne savais rien. Et, quatre jours plus tard, alors que j'avais juré par écrit aux lecteurs du *Monde* et oralement à dix, vingt, cinquante personnes que vous étiez la cible inconsciente, le gibier innocent, la victime d'une nouvelle machination et que votre vie avait bel et bien été en balance, les balles trop réelles et le tir trop ajusté pour qu'il en fût autrement, j'étais le premier à tomber des nues et de haut devant les " révélations " du misérable agent double. »

Pierre Viansson-Ponté en eut gros sur le cœur. Comme il vous l'écrit lui-même, il n'était, après tout, qu'un journaliste comme les autres, un curieux, un bavard professionnel. Sa réaction ne fut pas — je le cite — « de vanité blessée et même d'orgueil humilié » :

« Non, croyez-moi, conclut-il à votre endroit, je n'ai pas ces pudeurs-là, je suis blindé car à un journaliste on a, en trente ans de vie professionnelle, tellement menti qu'il en a l'habitude. Simplement, j'en ai eu de la peine pour vous et malgré toutes les marques d'attention, voire d'estime, que vous ne m'avez pas ménagées depuis, pas plus mais pas moins certainement qu'à d'autres, j'en suis encore durablement meurtri. Il fallait que je vous le dise, mais peut-on vous parler ? »

Je viens, Monsieur le Président de la République, d'évoquer cette affaire, moins pour rappeler un point d'histoire, que pour montrer combien l'intervention de la presse est indispensable, chaque fois qu'il s'agit d'éclairer l'opinion.

Sans les journaux, votre numéro d'acteur, en 1959, n'aurait pu être démasqué. Aux États-Unis, vous n'auriez pu prétendre ensuite à la magistrature suprême, et vous seriez redevenu, pour toujours, un avocat... sans clients. Chez nous, votre carrière politique n'en a pourtant que peu souffert et vous ne vous êtes pas suicidé pour autant. À moins que, après votre confrontation avec Pesquet, et sans que nul ne l'ait jamais su, vous n'ayez été sauvé in extremis par votre ami Roland Dumas, après vous être jeté dans la Seine, par un soir de pleine lune, sous ses fenêtres du quai de Bourbon, du côté de l'île Saint-Louis.

*Bouc émissaire
de vos « vilenies »*

Il est temps, Monsieur le Président, de retrouver la juste mesure des choses. Comme tous les bons praticiens de la vie publique, vous savez bien que ni la magistrature ni la presse française n'ont franchi la ligne jaune. Irréprochables à l'égard de Pierre Bérégovoy, nos journaux n'ont jamais montré la ténacité implacable dont font preuve les journalistes anglo-saxons, en quête de vérité. Ceux, par exemple, du *New York Times* ou du *Wall Street Journal* que vous citez en référence. Quelques voyages d'études outre-Atlantique, deux ou trois conversations avec votre ami George Bush, l'ancien Président Nixon ou le Président Bill Clinton pourraient vous éclairer utilement sur la liberté de la presse telle qu'on la pratique dans cette grande démocratie.

L'Irangate, vous connaissez ?

Ce n'est pas aux États-Unis que l'affaire Luchaire (sur les ventes d'armes françaises à l'Iran) se serait soldée par un non-lieu, après une instruction précipitée... dès le retour, en 1988, des socialistes au pouvoir.

Le Watergate, personne ne vous en a parlé ?

Mis à la porte de la Maison-Blanche en plein mandat, le Président Richard Nixon sait ce qu'il en coûte de commander ou simplement de couvrir l'espionnage téléphonique et le cambriolage de ses adversaires politiques. Ce n'est pas à Washington que l'affaire des écoutes téléphoniques ordonnées par l'Élysée pour espionner journalistes, avocats et opposants s'étalerait à la une de tous les journaux, sans que vous soyez interpellé personnellement.

Mais prenez garde, Monsieur le Président. Si les « chiens » de la presse française décidaient de se réveiller et de se montrer, un jour prochain, aussi opiniâtres que leurs homologues du *Washington Post* — ceux qui révélèrent l'affaire du Watergate, sans jamais lâcher prise —, le sort de votre actuelle cohabitation avec le gouvernement de Monsieur Édouard Balladur pourrait être réglé plus vite que prévu. Toujours sur ma table de travail, le *Code pénal* — texte républicain, s'il en est — stipule dans son article 114 :

« Lorsqu'un fonctionnaire public, un agent ou un préposé du gouvernement, aura ordonné ou fait quelque acte arbitraire ou attentatoire, soit à la liberté individuelle, soit aux droits civiques, d'un ou de plusieurs citoyens, soit à la Constitution, il sera condamné à la peine de la dégradation civique. »

Ancien avocat, ignoreriez-vous la teneur de cet article ? Il peut être invoqué par tous ceux qui ont été victimes des écoutes téléphoniques et de la basse police de l'Élysée, notamment notre confrère Edwy Plenel, du *Monde,* l'un des meil-

leurs « chiens » de race de la presse française.
Magique livre de la loi, le *Code pénal* a tout prévu.
Même la sanction du Prince :

« Si néanmoins il [*le fonctionnaire public*] justifie qu'il a agi par ordre de ses supérieurs pour des
objets du ressort de ceux-ci, sur lesquels il leur
était dû l'obéissance hiérarchique, il [*le même
fonctionnaire*] sera exempt de la peine, laquelle
sera, dans ce cas, appliquée seulement aux supérieurs qui auront donné l'ordre. »

Pour qu'une peine soit prononcée, encore faut-
il que « l'affaire » soit jugée. Elle est, en l'espèce,
de la compétence de la Cour d'assises.

Sous vos ordres, la « police politique » sévit à
l'Élysée, depuis votre premier septennat. Le quotidien *Libération* a révélé le 4 mars 1993 — comptes
rendus d'écoutes à l'appui — l'existence des
« grandes oreilles » qui permirent à votre cabinet
de violer la vie privée de plusieurs de nos
confrères, de toutes tendances — Edwy Plenel,
Alexis Liebaert, Xavier Raufer, Jean-Edern Hallier, Dominique Vidal... — et même celle de la
charmante comédienne Carole Bouquet. Ces
méthodes de basse police ne datent pas d'aujour-
d'hui.

Déjà, le 2 septembre 1984, sur les ondes d'une
radio libre, le président du groupe RPR au Sénat et
actuel ministre de l'Intérieur, Charles Pasqua,
dénonçait la création dans votre palais présidentiel
d'une officine policière et politique « chargée de
fabriquer des dossiers bidons sur les élus de

l'opposition ». Je collabore alors au *Quotidien de Paris*. Avec un de mes amis journaliste, nous allons vite confondre vos barbouzes, en charge de cette misérable besogne. Mon camarade du *Quotidien* n'est pas qu'une grande plume. Il est aussi — qualité rare — un imitateur doué, un comédien de grand talent. Il décroche son téléphone, compose le numéro de l'Élysée et, poussant la dérision jusqu'à emprunter votre accent — ce qui a pour effet de mettre votre personnel en confiance — demande à parler à « Monsieur Coulerez », le nom cité par Charles Pasqua.

Nous avons établi que cet ancien policier de soixante-huit ans a préféré aux charmes de la retraite la responsabilité d'organiser la surveillance de ceux qui vous gênent. Pour vous servir, Coulerez a été appelé dans le plus grand secret. Il ne figure pas dans l'organigramme officiel de l'Élysée paru au *Journal officiel* et n'a pas fait l'objet d'une nomination en Conseil des ministres. Au numéro 2 de la rue de l'Élysée où il est installé, il s'est adjoint les services d'une blonde secrétaire. Nous savons aussi que, en privé, cet homme de l'ombre explique volontiers sa nomination en raison des relations qu'il entretient avec vous depuis qu'il vous a connu « autrefois dans la Nièvre ». Il s'affiche maintenant avec le titre de « conseiller technique pour les problèmes de police » et il est secondé par deux fonctionnaires des Renseignements Généraux : les commissaires André Ferrand et Pierre Bergès.

Chanceux, mon ami tombe sur la secrétaire de

Coulerez. La conversation est bien entendu enregistrée par mes soins. Nous vivons un grand moment du jazz. Je vous invite, Monsieur le Président, à partager avec nous le plaisir qui fut alors le nôtre :

« Allô ? Je voudrais M. Coulerez...
— Je suis sa secrétaire, qui le demande ?
— C'est personnel... et très important...
— Il n'est pas là. Mais lui et moi, c'est pareil...
— Excusez, j'ai des renseignements pour lui. Ça vous intéresse ? C'est sur Pasqua...
— Oui, bien sûr...
— Vous connaissez le dossier, Mademoiselle ?
— Oui, M. Coulerez m'en a parlé...
— Alors, voilà, il faut que je voie M. Coulerez pour lui donner des documents très importants sur M. Pasqua. C'est urgent. Vous voyez ce que je veux dire ?
— Oui, je vois Monsieur. Mais rappelez-le dans une demi-heure. Il sera là à ce moment-là. Je ne vous connais pas. Il m'est difficile de vous parler plus longtemps...
— Mais si, vous me connaissez !
— Ah bon ?
— Oui, j'étais à la réunion avec le commissaire Ferrand, l'autre jour, à l'Élysée. Vous ne vous souvenez pas ? Vous êtes blonde, n'est-ce pas ?
— Oui, c'est bien moi [*quelle chance !*]. Vous êtes un ami de M. Coulerez ?
— Pensez donc, je le connais depuis vingt ans !
— Bon, bon... Alors vous pouvez joindre

M. Ferrand au ministère de l'Intérieur, si c'est très urgent ! »

Imaginez, Monsieur le Président, le fou rire que nous dûmes réprimer.

Sans plus attendre, nous appelons le ministère de l'Intérieur. Nous demandons le commissaire Ferrand, le numéro 2 du triumvirat de votre renseignement politique. La conversation est tout aussi enrichissante. Je suis chargé de l'enregistrement :

« Allô ? C'est le commissaire Ferrand ?

— Oui, c'est bien moi.

— Je vous appelle de la part d'un commissaire des renseignements politiques qui travaille avec M. Coulerez à l'Élysée et avec vous. Je ne me souviens plus de son nom, quelque chose comme Bérez, Beharez, Bergès, etc.

— Oui, je vois, et alors ?

— Il faut que je vous voie, M. le Commissaire, j'ai des renseignements importants à vous donner sur Pasqua, vous voyez ce que je veux dire ?

— Oui, très bien, et qui êtes-vous ?

— J'ai travaillé avec lui dans le passé. Ça vous intéresse ?

— Ah oui ! Absolument. Ça m'intéresse énormément. Pourriez-vous passer me voir demain à l'Intérieur ?

— C'est-à-dire que...

— Quoi ?

— J'ai travaillé à l'Intérieur dans le passé. J'ai peur de rencontrer des connaissances...

— Bon, on peut se voir dans un bistrot, si vous voulez, mais c'est idiot, passez donc à l'Intérieur, vous ne risquez rien. On ne vous reconnaîtra pas après tant de temps ! Vous n'avez qu'à emprunter la petite porte de derrière, rue Cambacérès et vous montez au quatrième étage. Vous me demandez...

— M. le Commissaire, il me faut de l'argent pour ces renseignements sur Pasqua. J'en ai besoin, c'est pour ça que je le fais...

— On vous donnera de l'argent, ne vous inquiétez pas pour ça !

— Combien ?

— Je ne sais pas, moi... des sommes importantes selon la nature de vos renseignements. Venez, je vous attends... »

Publiées intégralement dans *Le Quotidien de Paris* le 13 septembre 1984, ces deux conversations téléphoniques font grand bruit. *Le Monde* les reproduit. Elles prouvent, dès 1984, qu'une police politique existe à l'Élysée et que ses agents sont si avides d'informations, ou si pressés, qu'ils en oublient les usages et la prudence. « Excès de zèle », répond à l'époque le ministère de l'Intérieur. Tandis que vos services, Monsieur le Président, affectent comme d'habitude de ne rien savoir.

Mon ami journaliste du *Quotidien* n'en était pas à son coup d'essai avec les policiers « parallèles » des socialistes. Déjà, deux mois auparavant, le 27 juillet 1984, il avait dû écrire au ministre de l'Intérieur, Pierre Joxe, pour protester contre l'espionnage dont il se savait victime. Je vous communique, Monsieur le Président, la teneur de ce courrier. Il complète utilement les documents publiés en mars 1993 par *Libération* sur les écoutes sauvages effectuées pour le compte de l'Élysée, les années suivantes :

« Monsieur le Ministre,
J'apprends que des fonctionnaires des RG se sont présentés au domicile que je viens de quitter — heureusement ! — pour se renseigner sur ma moralité, ma vie privée, ma famille et mes amis, interroger la concierge et les voisins. Je ne comprends pas cette visite pour le moins désagréable que je croyais réservée aux hors-la-loi ou aux terroristes. Elle mérite de votre part, ou de vos services, quelques explications !
Je me permets de vous signaler que je viens de déménager. Ma nouvelle adresse est la suivante : 174 Avenue de Clichy 75017 PARIS. Mon téléphone (liste rouge) est le suivant : 228-71-81. Libre à vous, ainsi, de faire visiter mon appartement ou de brancher vos oreilles officielles sur ma ligne !
Pardonnez le ton de cette lettre, il est dicté par une profonde indignation. Et ce, pour plusieurs raisons...
1) J'ai toutes les raisons de penser — on a toujours quelques amis dans la police, pour vous renseigner — que l'enquête sur ma modeste personne est motivée par la parution dans *L'Idiot*

international, journal que dirige M. Jean-Edern Hallier, d'un article signé de moi sur les écoutes téléphoniques. C'est pourquoi je serais amené à éclater de rire, compte tenu des propos subversifs que tient le directeur de cette estimable publication, si véritablement il parvenait à effrayer votre basse police.

2) Ce qui me fait moins rire, c'est qu'en 1984, dans un régime de gauche, " attaché aux libertés ", un journaliste trouve son appartement investi par une armada de nervis au lendemain de la parution d'un article qui déplaît au régime politique, changeant le service de renseignements en police politique, transformant ses fonctionnaires en détectives socialistes. Votre ministère s'inaugure sous de joyeux auspices, Monsieur le Ministre ! »

Vous pourrez, Monsieur le Président, me rétorquer que cela n'est plus que le mauvais souvenir d'un lointain passé. En êtes-vous bien sûr ? Le ménage a-t-il été fait ? Et qu'en est-il des « sept mercenaires » enrôlés dans l' « opération Besson » — étrange nom de code, vous en conviendrez ? Mais cela est une autre histoire... Comme de tout le reste, vous n'êtes pas au courant. Même de « l'affaire des écoutes du Conseil supérieur de la magistrature » dont vous assumez la présidence ?

Bien que d'une autre nature, l'affaire des écoutes téléphoniques de l'Élysée, débusquée par *Libération,* est, vous en conviendrez, bien plus grave que le million de francs prêté par Roger-Patrice Pelat à

Pierre Bérégovoy. Sa divulgation et votre pieux silence n'ont certes pas dû contribuer à calmer les angoisses de votre ancien Premier ministre. Il ne s'est pas trouvé un chroniqueur, même de votre bord, pour justifier ces pratiques dignes des régimes totalitaires. Le 5 mars 1993, l'éditorialiste de *RTL*, Philippe Alexandre, a parfaitement résumé le fond de la pensée de toute notre profession :

« Il n'est pas interdit aux journalistes d'être de bons citoyens de la République et par conséquent d'être saisis de chagrin ou de nausée lorsque la plus haute institution de la République [*la présidence*] est prise dans le sac d'une vilenie. C'est le mot employé jadis par Monsieur Mitterrand pour définir ces sortes d'espionnage de salles de bains. Vilenie commise contre la morale, l'honneur et l'élémentaire dignité humaine. Dégoût redoublé, lorsque cette affaire s'ajoute à toute une série de forfaitures ou d'abus de pouvoir [...], jusqu'au ridicule cadeau au Premier ministre. »

Mais comme nous tous, Monsieur le Président, Philippe Alexandre est sans illusion sur votre personnage :

« Je n'imagine pas hélas, que Monsieur Mitterrand daigne s'expliquer ou se justifier sur cette infamie qui déshonore la fonction présidentielle [...]. Jusqu'à quel degré de honte faudra-t-il aller pour qu'on exige des comptes et des sanctions contre les responsables, si haut placés soient-ils ? Devra-t-on attendre que la France, comme l'Italie, soit complètement bloquée par la corruption, la coquinerie, l'impunité ? »

Le « chien » !

Corruption, coquinerie, impunité ? Nous y sommes. Car c'est de cela qu'il s'agit et de rien d'autre. Inutile d'aller chercher ailleurs les raisons de la profonde dépression dans laquelle a sombré Pierre Bérégovoy au lendemain de la défaite électorale du Parti socialiste, Bérézina sans précédent dans l'histoire de la République.

Certes, ajoutés à la crise économique et à la récession mondiale, la montée vertigineuse du chômage, les dépenses inconsidérées de vos gouvernements, l'insouciance budgétaire de votre ministre et conseiller Michel Charasse, l'état de quasi-faillite dans lequel vos douze années de pouvoir ont plongé le pays ont convaincu nos concitoyens qu'il fallait en finir avec le « socialisme à la française ». Mais la multiplication des affaires, où l'on a vu se profiler tout le gotha du PS, n'a fait qu'accroître l'ampleur du rejet.

Après son départ de Matignon, abandonné de tous — y compris de vous-même, quoique vous en disiez, qui n'avez pas même daigné le recevoir une seule fois à l'Élysée, ni rue de Bièvre —, Pierre Bérégovoy s'est recroquevillé sur lui-même, emmuré dans un sentiment de culpabilité devenant maladif. Durant ses derniers jours de vie, ses vrais amis l'ont vu abattu, s'accusant de toutes les misères du monde, y compris, en regardant avec un ami le journal télévisé, de la guerre en Bosnie-

Herzégovine ! Inquiets, ses proches vous ont fait prévenir. Pierre Bérégovoy était devenu un grand malade. Mais qui, en dehors de sa famille et d'une poignée de fidèles, s'en souciait ? Vous ? Il payait la déroute de la gauche, le pouvoir perdu. Il se croyait, en plus, victime d'un complot. Alors que ni la justice, ni la presse n'avaient plus parlé de ses relations financières avec Roger-Patrice Pelat, depuis son départ de Matignon.

Paraphrasant Nietzsche, je dirais que, vivant, Pierre Bérégovoy « attendait de l'écho ». Pas des louanges. Lui qui vous avait sublimé, presque idolâtré, fut atteint de plein fouet par votre indifférence. Orphelin du pouvoir, il ne pouvait l'être également de la passion qu'il vous a toujours vouée. D'où sa réaction violente. Contre lui, bien sûr, mais peut-être surtout contre vous.

Orphelin du pouvoir, disais-je ? Pierre Bérégovoy est alors en proie à une réaction passionnelle, incontrôlable, à la mesure de la distance que vous avez prise à son égard. Votre nature est ainsi faite : rien ne vous affecte. Ni les épreuves, ni tout ce qui, chez les autres, est sujet d'affliction. Les échecs, la jalousie, la colère, les frustrations, la vengeance, la dépression... coulent sur vous comme l'eau sur les plumes du canard. Et pour cause ! Vous savez toujours trouver un bouc émissaire pour lui renvoyer vos problèmes. À charge pour lui de s'en débrouiller.

Vous êtes, Monsieur Mitterrand, mais vous n'y pouvez rien, car telle est votre nature, de ces hommes qu'il est dangereux d'aimer. Sauf si l'on vous ressemble. « Petit chose », comme il s'est défini lui-même lors de sa dernière conversation avec Jean Miot, Pierre Bérégovoy était l'opposé de votre personnage. Lui aura tout fait pour vous séduire et bien vous servir. En témoignage de votre gratitude, vous l'avez abandonné à la solitude, ce mal qui hypertrophie le sentiment d'injustice et conduit bien des Hommes au rejet de la vie.

Les historiens s'interrogeront longtemps sur les circonstances de sa disparition. J'écris cette lettre, à chaud, sachant que le temps, ennemi de la mémoire, risque de vite gommer les vérités, les faits qu'il convient de relater fidèlement, pour que rien d'essentiel ne soit oublié. Même s'il est vrai qu'il vous déplaira de les voir ici exhibés.

Pierre Bérégovoy fut certainement fort ébranlé par l'affaire du « million de Pelat ». Tout d'un coup, elle faisait remonter à la surface plusieurs des grands scandales qui ont éclaboussé votre règne. Mais votre ancien Premier ministre n'était pas homme à accepter volontiers d'être votre bouc émissaire. Lui qui avait bâti sa réputation sur la compétence et la rigueur tenait tout autant à son image d'homme honnête, irréprochable.

Autodidacte élevé dans l'échelle sociale à la force du poignet, il avait pris au pied de la lettre vos belles envolées sur « l'argent qui corrompt, l'argent qui tue ». Hélas, ni sa formation, ni son passé de militant ne l'avaient préparé à séparer le bon grain de l'ivraie dans le monde de la haute finance, la jungle balzacienne où vous l'avez propulsé. Se voulant l'incarnation « d'une gauche proche du peuple, ouverte et généreuse », il avait axé sa déclaration de politique générale, le 8 avril 1992, à l'Assemblée nationale, sur la transparence, le triomphe de la vertu. Fort d'une réputation intacte, il se présentait comme le chevalier blanc d'un Parti socialiste laminé par la révélation de ses turpitudes.

« J'entends vider l'abcès de la corruption », s'était exclamé Pierre Bérégovoy devant les députés.

Puis, l'index pointé en direction des bancs de l'opposition de droite, il avait voulu se faire menaçant dans des propos qu'il dut immédiatement ravaler :

« Comme je suis un homme politique précautionneux, j'ai ici une liste de personnalités, dont je pourrais éventuellement vous parler... »

Paroles imprudentes. Nous sûmes plus tard ce qu'il en était. En dehors de François Léotard, de Michel Noir et de quelques élus d'opposition dont les noms figuraient déjà dans toutes les gazettes, votre Premier ministre était dans l'incapacité de mettre sa menace à exécution. Sa grenade était de plâtre. Car, jusqu'à preuve du contraire, ni le RPR ni l'UDF — où sévissent certes, comme partout, quelques indélicats — ne se sont dotés, comme le Parti communiste et le Parti socialiste, d'appareils financiers occultes (plusieurs centaines de sociétés commerciales), qui leur sont *structurellement* rattachés. Quoi qu'ils en disent, seuls les partis de la gauche ont constitué des réseaux de « racket » dont les méthodes, empruntées à celles d'une mafia — je n'exagère rien ! — reviennent à mettre nos entreprises publiques et privées à l'amende, en coupe réglée.

Ne perdez pas patience, Monsieur le Président, de cela encore, il me faudra vous reparler plus longuement. Ces malhonnêtetés font, elles aussi, partie de votre bilan, de votre belle histoire.

À l'évidence, Pierre Bérégovoy aurait été plus avisé de se montrer précautionneux à la tribune devant la représentation nationale. Sous son mandat, ce sont ses propres amis politiques, c'est-à-dire les vôtres, qui, tour à tour, vont défiler devant les juges d'instruction et se retrouver projetés sous les feux de l'actualité judiciaire.

Quelle faute impardonnable, Monsieur le Président de la République, d'avoir choisi Pierre Bérégovoy, déjà fragilisé par les « affaires », pour remplacer à l'Hôtel Matignon la pauvre Édith Cresson, une autre de vos géniales trouvailles ! Détenteur de tous les secrets de l'État, vrai patron du Parti socialiste, monarque sourcilleux à l'écoute de tout, à qui ferez-vous croire que vous étiez ignorant des soupçons qui planaient sur votre entourage ? Alors, bas les masques !

Quand vous appelez Pierre Bérégovoy pour diriger le gouvernement, nous sommes en avril 1992. Deux de ses anciens directeurs de cabinet au ministère de l'Économie, des Finances et du Budget, Jean-Charles Naouri et Alain Boublil, sont déjà inculpés pour deux « affaires » — la

Société Générale et Pechiney — impliquant votre gouvernement, la haute administration et les plus grands groupes du secteur public.

Dans toute autre démocratie, ces deux dossiers judiciaires auraient irrémédiablement compromis la carrière de celui que vous choisirez pourtant comme Premier ministre. Qu'il ait été coupable ou innocent. Je vous renvoie sur ce point aux justes réflexions de nos grands analystes, par exemple le philosophe et éditorialiste Jean-François Revel.

Au début du mois de mai 1993, le président du Parti social-démocrate allemand démissionne. On lui reproche d'avoir menti. À Bonn toujours, un membre du gouvernement a récemment rendu son portefeuille, pour un péché véniel : il avait fait payer son déménagement privé par son ministère. Avant lui, un autre ministre avait dû s'éclipser parce qu'il avait recommandé un de ses parents, fabricant de matériel pour les supermarchés, à une société de distribution. À Washington, le secrétaire général de la Maison-Blanche, pendant la présidence de George Bush, a été évincé pour avoir abusé des avions du gouvernement dans ses déplacements privés. Au Venezuela comme au Brésil, le Président de la République paie de sa fonction la découverte de ses malversations. Prêchant pour une réforme « intellectuelle et morale », Jean-François Revel, dans Le Point, a bien raison de faire la comparaison avec la France :

« De toute évidence, remarque-t-il, si des ministres français devaient démissionner pour de telles vétilles, nous ne serions plus gouvernés depuis de longues années. » Pour l'ami Revel, comme pour nous tous, le constat s'impose :

« À l'origine du fossé entre la classe politique et l'opinion française, se trouve l'atrophie du sens de la responsabilité des dirigeants. »

Mais de l'opinion, cent fois répétée, d'un Jean-François Revel, vous n'avez cure Monsieur le Président. Vous vous êtes employé, au contraire, à développer dans vos rangs un sentiment d'irresponsabilité, d'impunité. Et quand vos amis furent convaincus d'avoir failli aux devoirs de leur charge, vous avez tout mis en œuvre pour que la justice ne passe pas. Mieux, par des manœuvres sordides, vous l'avez avilie. C'est Henri Nallet, le trésorier de votre campagne présidentielle en 1988 — campagne financée avec l'argent frauduleusement perçu par la société Urba — qui est devenu votre garde des Sceaux, en charge de la justice, dans le gouvernement d'Édith Cresson. Avec pour mission de museler juges et tribunaux pour l'ensemble des prévarications socialistes.

Quand donc Pierre Bérégovoy arrive à Matignon, au printemps dc 1992, il lui est difficile de faire illusion. Les Français savent déjà à quoi s'en tenir quant à la moralité affichée de vos amis. Certes, vous avez toujours pris grand soin de garder vos distances avec les frasques de vos affidés. Dinosaure de la vie politique française, vous êtes un expert dans l'art du camouflage, un artiste. J'allais dire une star.

Les circonstances — la multiplication des

« affaires » — autant que la raison et la plus élémentaire prudence auraient dû vous imposer le choix d'hommes indiscutables aux commandes du pays. Mais, cynique, monarque absolu de tempérament, de notre peuple vous n'attendez que la soumission à vos caprices, à votre grandeur. Vous êtes resté sourd aux plaintes des exclus, de la masse des nouveaux pauvres, qui furent vos électeurs, aux appels angoissés d'une justice malade, aux avertissements sans frais des « chiens » de presse, submergés par le torrent de boue des « affaires ». Vous avez pris le parti de ne rien endosser, de tout ignorer, de rejeter en bloc toutes ces inquiétudes, de tout mépriser pour imposer vos choix. Vous avez fait exprès de choisir, pour diriger la France, ceux-là mêmes dont vous saviez qu'ils seraient appelés, tôt ou tard, à s'expliquer devant nos juges.

Inutile, en conséquence, de nous prendre de haut, de nous refaire le coup de la vertu outragée. Aujourd'hui, Monsieur le Président, nous savons qui vous êtes, quels sont vos ressorts.

« Fuyez, tout est découvert... »

Le triangle des « initiés »

Lorsque le 3 février 1993, *Le Canard enchaîné* révèle « Comment Patrice Pelat, ami de Mitterrand et " initié " de l'affaire Pechiney, avait aidé Bérégovoy à acheter son appartement ». le Premier ministre ne s'inquiète pas outre mesure. Mais rapidement, il comprend que plusieurs dossiers sensibles vont ressortir des placards : Vibrachoc, Pechiney, Société Générale, pour ne citer que ces trois. Veut-il éviter que l'on remonte trop vite et trop haut ? Pierre Bérégovoy s'enferre dans des réponses embarrassées. Contre toute attente, il reprend timidement à son compte, en s'abstenant de la démentir, la version fantaisiste d'un des deux fils Pelat. Là, j'avoue ne pas bien comprendre. Je sais dans quelle colère l'a mis cette déposition inattendue. Alors, pourquoi le Premier ministre ne dément-il pas ce qu'il sait être faux ? Mystère.

Bloqué dans cette impasse, il refuse obstinément de fournir la liste des livres et œuvres d'art qu'il aurait remis à la famille Pelat, pour s'acquitter de la moitié du million emprunté à feu votre ami. Ces explications ne convainquent évidemment personne. Aucune trace de remboursements en objets de valeur ne figure dans l'acte de succession de Roger-Patrice Pelat, tel qu'il a été établi devant notaire, en 1989. En outre, on ne manque pas de relever que les intérêts cumulés d'un prêt de 1 million de francs, sur neuf ans, correspondent à un cadeau d'environ 1,2 million de francs, c'est-à-dire davantage que la somme prêtée.

En pleine campagne des élections législatives, votre Premier ministre aurait pu stopper net la polémique. Il lui suffisait de demander à la justice toute la lumière sur cette affaire de prêt, ainsi que sur la nature de sa relation financière et privée avec Roger-Patrice Pelat. Au lieu de cela, après que le juge Jean-Pierre eut transmis cette partie du dossier au parquet de Paris, comme l'exige le *Code de procédure pénale,* le procureur (aux ordres de votre ministre de la Justice) a aussitôt conclu qu'il n'y avait pas là matière à poursuivre l'enquête.

Maladroite décision. Car, quelques semaines plus tard, le 2 juin 1993, le tribunal correctionnel de Paris doit être appelé à juger de l'affaire Pechiney où... Alain Boublil, l'ancien directeur de cabinet de Pierre Bérégovoy aux Finances, est inculpé, au même titre que Roger-Patrice Pelat, pour lequel l'action publique s'est retrouvée éteinte, après son décès en mars 1989. Sera également assis au banc des prévenus, le riche intermédiaire libanais Samir Traboulsi, autre relation de Pierre Bérégovoy.

À ce sujet, je vous recommande vivement, Monsieur le Président, la lecture d'un livre — *Le Piège de Wall Street,* de Gilles Sengès et François

Labrouillère — paru aux éditions Albin Michel, à l'automne 1989. Cet ouvrage relate par le menu la ténébreuse affaire Pechiney-Triangle. Vous y figurez en bonne place, sur la couverture, flanqué de votre inséparable ami, Roger-Patrice Pelat. Devenue célèbre, cette photographie fut prise le 30 mars 1988, tandis que vous vous rendiez ensemble au domicile du président Edgar Faure, pour vous recueillir devant sa dépouille mortelle.

Je ne saurais vous infliger ici l'accablante démonstration faite dans leur livre par ces deux journalistes. Rien depuis n'est venu infirmer le résultat de leur enquête serrée, pour laquelle nous n'avons reçu aucune demande de rectification de Pierre Bérégovoy. Pourtant, un chapitre entier, « Le banquet final » (pages 249 à 275), est consacré aux mondanités qui lui valurent de voir son nom mêlé à ce scandale boursier.

Un bref retour en arrière suffira à vous rafraîchir la mémoire. Rappelez-vous, Monsieur le Président, nous sommes à la fin de 1988. Le groupe nationalisé français Pechiney, l'un des leaders mondiaux de l'aluminium, s'apprête, après de longues négociations, à racheter la firme d'emballage américaine Triangle-American Can, dont les actions s'échangent à la bourse de New York, sur le marché de Wall Street. Il s'agit, selon le Premier ministre Michel Rocard, d'une « très grande et très bonne nouvelle pour la France », une acquisition de plus de 6 milliards de francs, pour laquelle le financier Samir Traboulsi défend les intérêts des vendeurs américains. Depuis le mois de juillet, les pourparlers se déroulent dans le plus grand secret. Alain Boublil, le directeur de cabinet de Pierre Bérégovoy au ministère des Finances, y est étroitement associé. Le lundi 21 novembre 1988, lorsque le P-DG de Pechiney, l'intègre Jean Gandois, annonce officiellement l'OPA sur Triangle, le prix d'achat des actions de la société américaine est fixé à 56 dollars chacune, environ cinq fois le dernier cours de bourse précédant le week-end. Il était alors de 10,375 dollars. Les détenteurs d'actions Triangle peuvent se frotter les mains. La SEC (Securities Exchange Commission), l'intraitable gendarme de la bourse de New York, a déjà remarqué que toute une brochette d' « initiés » ont été prévenus de la transaction. Certains ont acheté des actions Triangle par wagons, ce qui leur a permis d'empocher de confortables plus-values : cinq fois leur mise.

Les gains frauduleux seront évalués à 47 millions de francs. Une paille. Les initiés ont utilisé de complexes circuits financiers, des sociétés-écrans, avec des ramifications dans les plus opaques paradis fiscaux : en Suisse, au Luxembourg, au Liechtenstein et aux Caraïbes. Autant d'asiles financiers contre lesquels les socialistes n'ont cessé de ferrailler depuis leur grand rassemblement d'Épinay de 1971, et la définition de leur programme pour changer la vie, pour en finir avec les mœurs du capitalisme sauvage.

Les investigations de la SEC américaine sont à cet égard édifiantes. Elle a tôt fait d'identifier certains de ces avides spéculateurs. Le 15 décembre 1988, le scandale éclate dans la presse française. Comme une bombe. Il n'y a que sept mois que vous avez été réélu à la présidence de la République et l'on apprend que Roger-Patrice Pelat, le très cher compagnon de vos promenades quotidiennes dans Paris, fait partie des fraudeurs. Avec sa femme et ses deux fils (qui, eux, ne seront pas inquiétés), il a empoché illégalement, depuis Paris, 7 millions de francs. De même que le fondateur de la FNAC, Max Théret, un autre de vos amis, financier émérite du PS et ancien patron du quotidien socialiste *Le Matin de Paris*. Ses plus-values illicites se montent à 8,8 millions de francs.

Il n'est pas nécessaire d'être l'inspecteur Navarro ou Hercule Poirot pour comprendre qu'un « bavard » bien informé a opportunément tuyauté « Monsieur le vice-président » Roger-Patrice Pelat. Très vite, les soupçons se portent sur Alain Boublil, le bras droit de Pierre Bérégovoy, et sur Samir Traboulsi. Les deux hommes sont depuis longtemps d'intimes amis. De plus, Boublil était présent en Corse, au mois de juillet 1988, au tout début des négociations entre Pechiney et Triangle, sur le *Paminusch*, le somptueux yacht de Traboulsi. Autre coïncidence : Alain Boublil a créé en 1985 une petite affaire de courtage en vins, Internégoce, avec Patrice Pelat, l'actif fils aîné de votre ami. Boublil et Traboulsi seront inculpés par Madame le juge Édith Boizette pour « délit d'initié ». Ils sont soupçonnés d'être à l'origine des fuites, bien qu'ils protestent de leur parfaite innocence. Il est vrai qu'ils n'ont pas acheté d'actions Triangle. Pour beaucoup, Alain Boublil a servi de « fusible » et Samir Traboulsi, comme il l'affirme lui-même, de bouc émissaire. Tel ne sera pas l'avis du substitut du procureur de la République dans ses réquisitions (200 pages) formulées début février 1993 en vue du renvoi de l'affaire devant le tribunal correctionnel, le 2 juin.

Commencé sur la tombe de Jaurès, au Panthéon, votre règne ne va pas tarder à amorcer sa descente aux enfers. Pour l'heure, il fait escale dans ceux du jeu.

Pierre Bérégovoy ne devra qu'à la « timidité » d'Édith Boizette de n'avoir même pas été entendu comme témoin lors de l'instruction. Lui aussi, comme Boublil, est un proche de la famille Pelat. Il ressort des pièces de la procédure que Roger-Patrice Pelat et son fils Patrice entretenaient des liens amicaux avec Alain Boublil depuis que les familles Bérégovoy, Pelat et Boublil avaient passé ensemble leurs vacances en Tunisie, en 1982. Ces relations suivies comportaient des entretiens fréquents entre Pelat et Boublil, les deux hommes se recevant mutuellement à leur domicile. Ainsi naquit Internégoce, créé avec Pelat fils.

Mais Pierre Bérégovoy et sa femme sont également des intimes de la famille Traboulsi. Le dimanche 13 novembre 1988, deux jours avant que n'interviennent les derniers gros achats à Wall Street d'actions Triangle par Roger-Patrice Pelat et Max Théret, Madame et Monsieur Pierre Bérégovoy reçoivent une soixantaine d'amis, pour leur quarantième anniversaire de mariage. Privée, la fête a lieu « Chez Edgard », rue Marbeuf, le restaurant du sympathique Paul Benmussa, réservé pour la circonstance. Là se presse en semaine le Tout-Paris des médias et de la politique. Samir Traboulsi est parmi les convives. Il raconte :

« C'était une fête familiale, j'étais avec ma femme, à la table du ministre. Nous étions une vingtaine, parmi lesquels Monsieur Pelat et son épouse. Nous n'avons pas évoqué le dossier Pechiney. L'ambiance ne s'y prêtait pas. Personne autour de moi ne parlait d'affaires. »

Cependant, le hasard veut que les principaux acteurs de ce qui va bientôt devenir une « affaire d'État » font partie des convives. Outre Pelat et Traboulsi, Alain Boublil est naturellement présent. Seul Max Théret manque à l'appel, avec les quelques « golden boys » qui ont imprudemment joué les « suiveurs » en imitant les ordres passés à Wall Street par leurs augustes clients.

C'est ce jour-là très précisément que, selon le procureur, Alain Boublil a transmis le « tuyau » à Roger-Patrice Pelat. Boublil vraiment ? Dès le lendemain, 14 novembre 1988, votre ami en parle à Max Théret. Lui seul est en mesure de le faire, l'ancien fondateur de la FNAC ne fréquentant ni Boublil ni Traboulsi. Aussi, pour le Parquet, dans son réquisitoire (je le cite) :

« Il résulte de l'information [des] charges suffisantes contre Alain Boublil d'avoir, courant novembre 1988, en tout cas sur le territoire national, alors qu'il disposait, à l'occasion de l'exercice de sa profession, d'informations privilégiées sur les perspectives de la société Triangle Industrie et sur les perspectives d'évolution des valeurs mobilières émises par cette entreprise, sciemment permis à Roger-Patrice Pelat de réaliser des opérations, sur le marché, avant que le public ait connaissance de ces informations. »

Mais, Monsieur le Président, ce n'est pas tout. À Paris, un mois auparavant, une autre cérémonie intime a rassemblé la plupart des acteurs du scandale. Nous sommes le 3 octobre 1988 dans les salons du ministère des Finances. Pierre Bérégovoy élève Samir Traboulsi — « au nom du Président de la République » — au grade de chevalier de la Légion d'honneur. Chaude atmosphère : il y a là, bien entendu, Alain Boublil et Roger-Patrice Pelat. Votre frère Robert Mitterrand, ancien associé de Pelat dans la société Vibrachoc, est chargé du discours en l'honneur de Traboulsi. Accompagné de son bras droit William Haddad, le patron de la société genevoise Socofinance, Charbel Ghanem, figure en bonne place dans la brillante assemblée. Ami de Samir Traboulsi, cet homme d'affaires d'origine libanaise, dont la société est détenue à 20 % par le groupe nationalisé Thomson, sera lui aussi l'un des personnages clés du dossier Pechiney.

C'est par l'entremise de Socofinance, la société de Charbel Ghanem, qu'ont eu lieu les achats de 91 000 actions Triangle, pour le compte d'un acheteur domicilié dans le paradis fiscal d'Anguilla, aux Caraïbes. Gain : 21 millions de francs, nets d'impôts et de taxes, cette fois. Cachée derrière des hommes de paille libanais, l'identité du vrai client de Socofinance ne peut être établie. Il est pourtant celui qui a encaissé le plus gros pactole. Et, parfaitement informé, il est le seul à avoir ramassé des actions Triangle dès le début des négociations, pendant l'été de 1988.

Au palais de Justice, la présence rue de Rivoli de Charbel Ghanem, lors de la réception en l'honneur de Samir Traboulsi, n'est pas passée inaperçue. Le tableau s'est un peu plus noirci lorsque les enquêteurs et le juge d'instruction ont appris que cet homme d'affaires libano-suisse est le beau-frère de Joseph Abousleiman, ex-copropriétaire d'IDB, la banque d'Anguilla où ont justement été envoyées les actions Triangle acquises par l'initié masqué, client de Socofinance. Le juge d'instruction va découvrir que Socofinance et IDB ne font qu'un. IDB n'est qu'une banque fantôme utilisée par Ghanem pour parquer les actions Triangle à Anguilla. Mais pour le compte de qui ?

L'enquête établira que Charbel Ghanem et Samir Traboulsi étaient en contact constant durant les pourparlers. Pour le Parquet :

« Samir Traboulsi est l'auteur de la transmission, notamment à Paris, des informations confidentielles dont a pu disposer Ghanem [...]. Sa connaissance professionnelle des négociations était confortée par sa connaissance d'Alain Boublil, véritable initiateur de ces négociations, qui était à même de lui donner le sentiment nécessaire des autorités gouvernementales françaises sur cette opération. »

En revanche, « l'information n'a pas permis d'établir, s'agissant des opérations réalisées par Charbel Ghanem, qu'Alain Boublil ait transmis sciemment à Samir Traboulsi des informations aux fins d'être communiquées à la société Socofinance ».

Alors, Pierre Bérégovoy — ami personnel de Samir Traboulsi et d'Alain Boublil, votre ancien conseiller à l'Élysée — aurait-il eu peur des rebondissements judiciaires de ce dossier à tiroirs ? A-t-il redouté de voir son honneur et sa réputation injustement mis en cause, même de façon indirecte, durant les trois semaines d'audiences du procès Pechiney, en juin 1993 ? Craignait-il que, acculé, un de ces inculpés ne le cite à la barre des témoins ? L'un d'eux en aurait manifesté l'intention. Dans cette hypothèse, Pierre Bérégovoy se serait retrouvé devant un épouvantable dilemme. Soit il endossait l'amitié du trio Pelat, Boublil et Traboulsi, au risque de passer pour un fieffé imprudent. Soit il prenait le parti de dire au tribunal, comme la loi l'exige, « toute la vérité, rien que la vérité », et dans ce cas, il était contraint d'étaler au grand jour les rapports que vous entreteniez les uns et les autres avec Roger-Patrice Pelat, Alain Boublil et accessoirement Samir Traboulsi.

De toute manière, le tribunal n'aurait pas manqué de s'intéresser aux deux réceptions que je

viens d'évoquer : la Légion d'honneur de Traboulsi, le déjeuner pour l'anniversaire de mariage
du couple Bérégovoy. D'autant que, dans son
rapport d'instruction, Madame le juge Édith Boizette n'a pas manqué de s'interroger sur la présence de plusieurs des inculpés à ces deux petites
fêtes.

Tout ce que je viens d'exposer, ainsi que les
autres éléments qui doivent être examinés lors du
procès ont pu, c'est vrai, inquiéter un homme déjà
affaibli par un climat délétère (l'accumulation des
« affaires ») et la cuisante défaite du Parti socialiste
aux élections législatives.

Mais, ne vous en déplaise Monsieur le Président,
cette fois encore la presse n'est en aucune manière
responsable des inévitables et prochains prolonge-
ments judiciaires de l'affaire Pechiney-Triangle.
Tout cela ne se serait pas passé si le secret des
négociations avait été gardé et si certains, tel votre
copain Pelat, n'avaient utilisé leurs relations dans
les hautes sphères du pouvoir pour des spéculations qu'ils savaient frauduleuses.

Je comprends tout de même que quelques
journalistes curieux aient pu vous irriter. Sans eux,
on n'aurait jamais su, par exemple, qu'avant votre
élection à la présidence de la République, en mai
1981, Roger-Patrice Pelat vous comptait parmi ses
salariés, dans la société Vibrachoc, dont je disais
plus haut qu'il l'avait fondée en 1953 avec votre
frère Robert. Spécialisée dans une activité en
parfait rapport avec vos compétences — les méca-
nismes anti-vibratoires pour l'aéronautique et

l'industrie —, cette firme est vendue en juillet 1982 à Alsthom, une filiale de la Compagnie Générale d'Électricité (CGE), le grand groupe rebaptisé aujourd'hui Alcatel-Alsthom. À l'époque, la CGE vient tout juste d'être nationalisée. Et elle est dirigée par Georges Pébereau, le futur « mécano » du scandaleux raid boursier sur la Société Générale.

L'histoire du rachat de Vibrachoc par la CGE mérite elle aussi que je m'y arrête. En raison des liens d'amitiés que vous entretenez avec lui et de l'ascendant qu'il exerce sur vous, Pelat n'est pas n'importe qui. En ce temps-là, « il peut vous voir quand il le souhaite ». Il est l'homme dont vous avez besoin pour garder le contact avec le réel. Il est à l'Élysée le vice-roi. Un jour, l'un de vos collaborateurs l'entend vous murmurer :

« Dis François, quand va-t-il arrêter ses conneries, ton ministre ? Tu vas bien lui mettre un Scotch sur la bouche ! »

En 1982, à la présidence de la République depuis un an, vous souhaitez voir plus souvent Roger-Patrice Pelat :

« Patrice, prends du champ avec Vibrachoc et viens m'aider à l'Élysée. Toi au moins, tu connais la vie des entreprises, les P-DG, la réalité des affaires. Tu me seras plus utile que tous ces conseillers qui ne sont jamais sortis de leur bureau. »

Au printemps de 1982, la décision de votre vieux camarade est enfin prise. Il convoque ses proches collaborateurs :

« Je suis fatigué. Je vais essayer de vendre. Mes

fils ne reprendront jamais l'affaire. Ce n'est pas leur truc. Préparez-moi une évaluation de Vibrachoc. »

Après de savants calculs, la réponse tombe quelques jours plus tard : « 90 millions de francs ». Roger-Patrice Pelat ne prend pas le temps de feuilleter le dossier. Seul le montant à encaisser l'intéresse :

« Pas assez cher : refaites vos calculs. »

Dans leur livre *Le Piège de Wall Street,* Sengès et Labrouillère nous éclairent sur la suite. C'est Dallas à Boutigny-sur-Essonne, souriante localité de la banlieue sud de Paris où Pelat a installé Vibrachoc. Ses financiers revoient d'urgence leur copie. On réévalue çà et là « quelques actifs ». On utilise, notamment, le principe des vases communicants. Détentrice de 44 % du capital de Vibrachoc, la société financière Arfina vient à son secours... en lui cédant, pour le franc symbolique, des brevets qui ne valent pas tripette. Pour que Vibrachoc puisse fleurir l'évaluation de ses actifs. Arfina est installée à Vaduz, au Liechtenstein. Encore un paradis fiscal ! On ne se rendra compte que bien plus tard — trop tard ! — de la non-valeur de ses « apports » à Vibrachoc... Pour agrémenter le panorama, on parsème aussi les comptes de 30 millions de francs de « biens incorporels ». Le « goodwill », comme disent les comptables américains. Autrement dit : « la poudre aux yeux ».

Résultat de cette cuisine financière originale : le prix de vente de Vibrachoc est fixé à 120 millions de francs. Cette fois, Pelat est satisfait. Reste à trouver l'acquéreur. Ce sera une simple forma-lité... Le dossier a la chance d'être traité en haut lieu. Avec une attention inhabituelle pour une PME de 450 personnes. À l'Élysée, deux conseil-lers le suivent au jour le jour. Interrogé par Sengès et Labrouillère, des anciens de Vibrachoc se sou-viennent encore de leur nom de code : « B and B »..., comme Bérégovoy et Boublil ! Pierre Béré-govoy est alors le secrétaire général de la prési-dence de la République et Alain Boublil, votre conseiller pour les affaires industrielles. C'est justement durant ce bel été de 1982 que les familles Bérégovoy, Boublil et Pelat passent leurs vacances ensemble en Tunisie...

Simple coïncidence : en juillet 1982, Alsthom, l'une des principales filiales de la CGE nationali-sée, prend le contrôle de Vibrachoc. Le fabricant du TGV paie 55 millions de francs pour acquérir la majorité (50,95 %) du capital de la société de Roger-Patrice Pelat. Le tour de table est complété par deux banques, elles aussi nationalisées, la BNP et le Crédit Lyonnais, également mises à contribu-tion. Elles se partagent à parts égales les 49 % res-tants. Au total, après quelques ajustements, les propriétaires de Vibrachoc reçoivent quelque 110 millions de francs : 60 millions pour Roger-Patrice Pelat ; 47 millions pour Arfina, la mysté-rieuse société financière du Liechtenstein. Le solde, 3 millions de francs, revient aux deux jeunes Pelat, que nous retrouvons dans tous les bons coups du père.

Bref, Monsieur l'ancien conseiller de Vibrachoc, expert en amortisseurs, votre « copain » peut se féliciter de la prévenance de nos grands groupes nationalisés. Son affaire a été bien vendue. Plus de 20 % au-dessus de sa première estimation... réalisée par ses propres collaborateurs. Un cadeau de 20 millions de francs, au bas mot, alors que la société commence à battre sérieusement de l'aile et que bientôt ses comptes vont plonger dans le rouge. Six mois seulement après l'avoir achetée, Alsthom doit passer une « provision pour pertes » de 60 millions de francs. Mais votre ancien compagnon de captivité est déjà loin de tout cela. Avec ses deux fils, il s'occupe de son autre société, Euroéquipement, à Neuilly. Roger-Patrice parcourt le monde, en quête d'autres affaires...

J'en conviens avec vous, Monsieur le Président, les « chiens » sont partout. Ils vous encerclent. Sales bêtes ! Sans leur flair, sans leur ténacité, la juteuse cession de Vibrachoc à une entreprise de l'État dont vous êtes le chef, serait passée aux oubliettes. Mais les journalistes sont ainsi faits : plus que la capacité d'indignation, la curiosité les habite. Adidas, nous voilà ! La reprise de Vibrachoc, en 1982, par une entreprise de l'État, n'est pas moins édifiante, quant à la moralité de votre société d' « économie mixte », que le rachat inespéré d'Adidas, pour plus de 2 milliards de francs bien lourds, à votre ministre de la Ville, Bernard Tapie, son propriétaire. Le tour de table magique des repreneurs d'Adidas rassemble, là encore, la fine fleur du secteur nationalisé : le Crédit Lyonnais, l'UAP et les AGF. Pour donner le change, un nouveau P-DG, Robert Louis-Dreyfus, a pris les commandes d'Adidas, et deux fonds d'investissements basés dans des paradis fiscaux — l'un à Jersey, l'autre dans les îles Vierges, aux Caraïbes — ont participé au financement de l'opération. Impossible de savoir quels sont les actionnaires de ces fonds étrangers et qui leur a octroyé l'argent qu'ils ont apporté. Le Crédit Lyonnais de Jean-Yves Haberer refuse obstinément de s'expliquer sur ce point...

Le 27 janvier 1989, au plus fort de l'affaire Pechiney, *Le Nouvel Observateur* fait à son tour sensation. Même votre ami Jean Daniel se met de la partie. Et de quelle manière ! Dans les colonnes du *Nouvel Obs,* sous la plume de Jean-Jacques Chiquelin, revoici Vibrachoc... et Roger-Patrice Pelat. On apprend qu'Arfina, l'énigmatique société du Liechtenstein propriétaire, jusqu'en 1982, de 44 % du capital de Vibrachoc, a compté parmi ses dirigeants Martial Frêne, Pierre-Nicolas Rossier et Walter Sommer. Or, ces trois financiers suisses se retrouvent dans la société zurichoise Experta Treuhand, elle aussi mise en cause dans l'affaire Pechiney pour avoir acheté 20 000 actions Triangle. Les liens entre Vibrachoc, Arfina et Experta Treuhand sont de toute évidence patents. Mais qui peut donc se cacher derrière ces sociétés-écrans du Liechtenstein et de Zurich ?
En ce qui concerne Experta, nous sommes

maintenant fixés. Comme vous, Monsieur le Président. Une fois levé le secret bancaire suisse, le 8 octobre 1991 le juge Édith Boizette a reçu la confirmation que Roger-Patrice Pelat — encore lui — a bien été l'acquéreur de ces 20 000 actions ramassées à Wall Street par Experta, via le Crédit Suisse. Plus-values illégales : 4,38 millions de francs, qui viennent s'ajouter aux 7 millions de francs récoltés en direct à Paris par la famille Pelat, via la très huppée banque Hottinguer. Total : 11,38 millions de francs.

Le Panama, vous connaissez Monsieur le Président de la République ? Roger-Patrice Pelat ne vous en aurait-il jamais parlé ? Le brave homme était, il est vrai, un cachottier. C'est précisément Panama, République bananière s'il en est — où sévit à l'époque le sympathique général-trafiquant de drogue Manuel Noriega élevé par vous, le 22 janvier 1987, au grade de commandeur de la Légion d'honneur ! —, que choisit votre ami Pelat pour dissimuler une partie du magot de l'affaire Pechiney. Il a fait virer depuis New York la plus-value de 4,38 millions de francs à la Banca della Swizzera Italiana de Lugano sur le compte n° 2 324 893 ouvert au nom d'Experta. Ce compte est celui de la société panaméenne Elco, achetée le jour même... par Roger-Patrice Pelat.

Ainsi, il est maintenant établi, Monsieur le Président, que votre ami a menti. Mais on ne saura jamais pourquoi il a pris la précaution de scinder en deux ses acquisitions illicites d'actions Triangle. Pourquoi il a dissimulé son opération en Suisse, derrière une société panaméenne, spécialement achetée pour l'occasion. Après le décès de Pelat, la Justice magnanime s'est tout de même empressée de restituer à ses héritiers les 3,1 millions de francs qu'il avait dû lui verser, à titre de caution, lors de son inculpation. Ainsi, ces millions, produit d'une fraude, sont retombés, avec tous les autres, dans la succession de votre « copain »... Bien naïfs sont ceux qui, encore aujourd'hui, croient que « le crime ne paie pas ». Crime ? Aux États-Unis le « délit d'initié » [*insider trading*] commis par Pelat (à partir de la France, de la Suisse et du Panama) est considéré comme un « crime » !

Quelle que soit l'identité de celui ou de ceux qui sont également allés se cacher dans des paradis fiscaux pour réaliser ces bonnes affaires sur le dos de l'État français, avouez, Monsieur le Président, que tout ce que je viens d'exposer fait plutôt désordre.

La suite n'est pas moins édifiante. M'en voudrez-vous pour le rappel circonstancié de tous ces événements ? Pour le ton sans complaisance de cette lettre ?

Enfant, j'ai appris de mes maîtres, de ma famille républicaine, à respecter nos lois, nos institutions. Et donc, votre fonction. Mais quand, en raison de son action à la tête de l'État, un homme porte atteinte à l'image, au renom de mon pays, alors je m'enflamme. Ma réaction n'est pas dictée par des considérations politiques. Je vous écris avec mon cœur, mes tripes. Je n'ai d'autre ambition que d'essayer de traduire le désarroi de nos concitoyens, noyés sous le flot des « affaires ». Le journaliste existe aussi pour cela. Je n'ai pas vocation à être l'anesthésiste d'une société d'endormis.

Au moment même où je couche ces lignes sur le papier, Michel Polac reçoit sur la chaîne câblée TV5 quatre experts en matière de corruption. Courtois, le débat a le mérite de bien poser le problème. François d'Aubert, l'incorruptible député UDF de la Mayenne, dresse un tableau ahurissant de la situation en France et en Italie. Un de ses collègues romain, spécialiste en la matière, nous apprend qu'une récente étude réalisée de l'autre côté des Alpes a permis d'évaluer le montant de la corruption en Italie : entre 40 et 60 milliards de francs chaque année. Cette estimation me rappelle ce que déclarait le juge Gilles Boulouque, le 30 novembre 1990, au Sénat, lors d'un colloque de l'Observatoire des Libertés, association créée par quelques magistrats, avocats et responsables au-dessus de tout soupçon :

« Rendez-vous compte ! D'après les spécialistes américains et allemands, la France est aujourd'hui devenue le pays le plus corrompu du monde... après l'Afrique, juste devant l'Italie ! »

À l'heure où l'on cherche désespérément à réduire les déficits et à comprimer les dépenses publiques, la lutte contre la corruption devrait permettre de réaliser d'énormes économies, pour le plus grand bien des contribuables... déjà trop pressurés.

Juge anti-terroriste, Gilles Boulouque s'est suicidé peu après sa déclaration faite en petit comité.
Elle ne lui fut pas pardonnée. Sa disparition nous fit
mal. Humilié par quelques-uns de ses pairs, il s'est
tué pour l'honneur. Le sien propre, soit. Mais aussi
— j'ai déjà eu l'occasion de le dire — celui de toute
la magistrature française, malade des vexations
qu'on lui inflige, des interventions dont on l'acca-
ble pour la stopper dans l'exercice de son pouvoir
indépendant : celui de rendre la justice, en toute
équité... À commencer par les affaires touchant le
fonctionnement même de l'État, ses administrations, la présidence de la République, certains
ministres de vos précédents gouvernements, plusieurs membres de l'ancienne majorité (de gauche)
ou de l'opposition parlementaire, alors de droite.

Hélas, le sacrifice de Gilles Boulouque fut vain.
Les tripatouillages ont continué comme avant. J'ai
soigneusement conservé, classé et rangé les dossiers
relatifs aux affaires de corruption — pas toutes
connues du public, loin s'en faut — qui ont été
portées à ma connaissance depuis votre accession à
la magistrature suprême, le 10 mai 1981. Quelque
part dans Paris, ces archives totalisent déjà une
centaine de mètres cubes. L'équivalent de deux
pièces de bonne taille. Pour traiter l'ensemble, j'ai
dû m'équiper, avec mes collaborateurs, d'un ordi-
nateur de la dernière génération. Ainsi, sommes-
nous aptes à répondre à toutes questions, à la vitesse
de la lumière. Voilà pourquoi, notamment, malgré
l'appareil de l'État à votre disposition, les pressions
exercées sur la police judiciaire et la magistrature,

les tirs de barrage incessants des ministres et parlementaires socialistes, les contre-feux allumés par vos agents de la Chancellerie, vous n'avez pu imposer la loi du silence, de l'omerta.

À la Cour des Comptes, l'organisme de contrôle des finances publiques, où vous avez récemment et opportunément placé votre fidèle ami l'ancien ministre Pierre Joxe, les auditeurs ne savent plus, depuis quelques années, où donner de la tête. Opérations douteuses, copinages, dilapidations des deniers publics, utilisation de l'argent des épargnants à des fins pour le moins discutables : les derniers rapports de la Cour sont un florilège des mauvais coups portés à notre pays, à l'appareil de l'État.

S'il est vrai que l'on ne pourra jamais éradiquer totalement la corruption, s'il est exact que celle-ci est le propre de toute société humaine, qu'elle existait chez les pharaons ou dans la Rome antique, ce n'est pas une excuse, ayant diagnostiqué le mal, pour ne pas le combattre. Député UDF de la Vendée, Philippe de Villiers a le mérite de s'être élevé le premier, à l'Assemblée nationale, contre « les dessous-de-table au pays de la débine et de la combine, tandis que trop de magistrats se taisent et que s'épanouit la profession de commission-naire ».

« Il y a, insiste Philippe de Villiers, quelque chose de pourri dans ce royaume interlope de francs filous et de faux facturiers. Tout cela est indigne de la France. »

Savoir, Monsieur le Président, que cette corruption, cette gangrène existe ailleurs, qu'elle a gagné, avant ou après nous, d'autres nations civilisées, des pays aussi attachants que l'Italie, l'Espagne, la Grèce ou l'Autriche, ne change rien à l'affaire. On ne soigne pas un mal sans lui administrer la thérapeutique adéquate. Encore faut-il établir le bon diagnostic, connaître l'étendue des dégâts et s'en remettre, pour le guérir, à la compétence des médecins... en l'occurrence à nos juges.

Générale, vous voilà !

Nous vous savons tous, Monsieur le Président de la République, un grand amateur d'ouvrages rares et érudits. Il en est un qui, j'en suis persuadé, manque dans votre bibliothèque. De qualité, celui-ci ne vous coûtera rien. Vous pourrez vous le procurer gratuitement au Sénat. Il s'agit du « Rapport fait au nom de la commission de contrôle de l'action des organismes publics ayant trait à des opérations financières portant sur le capital des sociétés privatisées ». Autrement dit du rapport sur la sulfureuse affaire de la Société Générale, établi en avril 1989 par le sénateur Roger Chinaud.

Cette fois encore, Pierre Bérégovoy voit sa responsabilité ministérielle mise en cause et son entourage éclaboussé. Jean-Charles Naouri, son ancien directeur de cabinet aux Finances, resté l'un de ses conseillers écoutés, sera inculpé par le juge Monique Radenne. De même que Georges Pébereau, l'ancien P-DG de la CGE — celui-là même qui avait fait racheter Vibrachoc —, Samir Traboulsi, l'intermédiaire de l'affaire Pechiney-Triangle et Christian Pellerin, l'ami et compère de Roger-Patrice Pelat dans l'affaire du contrat en

Corée du Nord. Décidément, le monde des affaires socialistes est tout petit !

Contrairement à l'affaire Pechiney-Triangle, le scandale de la Société Générale ne va pas passionner les Français. Cinq ans après les faits, son instruction n'est toujours pas bouclée. Il est des dossiers pour lesquels la justice préfère se hâter lentement. Pourtant, le 13 janvier 1989, Roger Fauroux, le ministre de l'Industrie du gouvernement de Michel Rocard, ancien P-DG de Saint-Gobain et ex-directeur de l'ENA, a jeté le pavé dans la mare. Et de quelle manière !

« L'affaire de la Société Générale, commente-t-il dans *L'Express*, apparaît d'une tout autre gravité que l'affaire Pechiney. Parce que les plus-values réalisées ont été beaucoup plus importantes et qu'un acteur public, la Caisse des Dépôts et Consignations, a joué un rôle clé dans cette opération. »

Roger Fauroux ne croit pas si bien dire. Là encore, grâce aux investigations de quelques « chiens » de journalistes, on va vite apprendre que l'attaque boursière dont la banque privatisée a été la cible pendant l'été et l'automne 1988, après le retour des socialistes au gouvernement, est, sans aucun doute, le plus grand hold-up de la décennie. Cette opération, où les échanges en Bourse se sont chiffrés en milliards de francs, a été l'occasion de délits d'initiés et de spéculations frauduleuses. Au Palais Brongniart, le temple des boursiers, j'observe alors que chacun connaît et répète les noms des agresseurs, tous liés au pouvoir, de la grande banque présidée par Marc Viénot.

Fin 1988, la COB (Commission des Opérations de Bourse), le gendarme des marchés financiers, ne peut agir. On l'en empêche. Le ministère des Finances de Pierre Bérégovoy lui met des bâtons dans les roues. Président de la COB, Jean Farge s'en ouvre à ses collaborateurs. Il décide de passer outre et d'ouvrir une enquête préliminaire. Le temps presse : au Sénat, le président du groupe RPR, l'actuel ministre de l'Intérieur Charles Pasqua, est sur le point d'obtenir la constitution d'une commission de contrôle. Entre Jean Farge et Pierre Bérégovoy, le désaccord est total. Le ministre des Finances préférerait que la COB se penche sur les opérations de privatisation d'Édouard Balladur, son prédécesseur rue de Rivoli. Le gouvernement est pressé de justifier son intention de faire éclater les fameux « noyaux durs », c'est-à-dire les actionnaires « stables » qui ont été mis en place par le gouvernement de Jacques Chirac pour verrouiller le capital des entreprises rendues au secteur privé. Ces « noyaux » sont considérés par vous, Monsieur le Président, comme trop favorables à l'opposition de droite, à ce que vous appelez « l'État RPR ». À défaut de pouvoir renationaliser ce qui a été privatisé entre 1986 et 1988, le gouvernement et l'Élysée ont discrètement concocté un plan visant à investir un premier bastion, la Société Générale, par l'intermédiaire d'amis assurés d'être soutenus par les grandes institutions financières de l'État. Ceux-ci savent qu'avec elles, le nerf de la guerre, l'argent, ne leur sera pas compté.

Grâce aux informations finalement collectées par la COB et aux nombreuses auditions sous serment des protagonistes de l'affaire, le rapport sénatorial de Roger Chinaud démonte implacablement le mécanisme du raid sur la Société Générale, les échafaudages juridiques, la chronologie, les financements et l'identité des assaillants. Malheureusement, cette enquête du Sénat, qui en dit long sur les mœurs socialistes, est publiée la veille du grand week-end du 1er mai 1989 et passera quelque peu inaperçue.

Le commandant en chef de l'opération montée pour prendre le contrôle de la Générale, Georges Pébereau, a été éjecté de la CGE sous votre première cohabitation avec le gouvernement de Jacques Chirac. On le savait à la recherche d'une revanche contre l'establishment financier de droite. Inventif, l'homme a maintenant de solides appuis.

Autour de sa société Marceau Investissements, il rassemble un trio de « golden papies » : le P-DG de Perrier, Gustave Leven ; celui des Chaussures André, Jean-Louis Descours et l'ancien patron de L'Oréal, votre très cher ami de jeunesse François Dalle. Entraînant dans leur sillage de puissants financiers, parmi lesquels Jean-Charles Naouri, l'ex-bras droit de Pierre Bérégovoy devenu le patron de la société d'investissement Euris, ou le très socialisant Robert Maxwell — qui n'est pas encore découvert, en Grande-Bretagne, comme l'escroc du siècle —, les quatre hommes se lancent dans le fantastique assaut boursier de la Société Générale. Mais les « golden papies » n'agissent pas seuls. Ils sont, Monsieur le Président de la République, les protégés de votre garde rapprochée et des meilleurs « socialo-capitalistes », selon le terme du journaliste de *Libération* Renaud de La Baume, auteur, en 1993, d'un livre instructif sur le sujet. Georges Pébereau et ses associés bénéficieront, en plus de l'appui actif de vos conseillers à l'Élysée et de ceux de Pierre Bérégovoy aux Finances, de la mise en mouvement des plus grands groupes publics de l'État, tels Thomson-CSF et surtout la Caisse des Dépôts et Consignations de Robert Lion.

Heureusement, malgré l'impressionnante machine de guerre de vos prédateurs, Marc Viénot parviendra, de peu, à sauver sa banque. Cela n'a pas empêché les dizaines d' « initiés » qui ont suivi Pébereau et sa bande d'engranger des profits illicites par dizaines de millions. Savez-vous, Monsieur le Président, que les spécialistes évaluent à environ 1 milliard de francs les plus-values frauduleuses réalisées à cette occasion dans des paradis fiscaux par ces spéculateurs malhonnêtes ? Si Georges Pébereau, Jean-Charles Naouri, Christian Pellerin ou Samir Traboulsi ont été inculpés — non sans protester de leur innocence avec virulence —, la plupart des gros bénéficiaires n'ont pu, à ce jour, être identifiés par la justice. Notamment en Suisse et dans d'autres lieux accueillants, protégés par l'anonymat bancaire.

Nous nous rappellerons longtemps, Monsieur le Président de la République, qu'il aura fallu un chef de l'État socialiste pour que la Caisse des Dépôts et Consignations, « établissement public national », premier outil financier de l'État avec la Banque de France, soit engagée, à hauteur de plus d'un milliard de francs — le tiers de la somme mobilisée par Georges Pébereau —, dans cette spéculation digne des pires « golden boys » de Wall Street.

Oui, des pires ! Car pour réussir son raid, avec le soutien actif du directeur de la Caisse des Dépôts, Robert Lion, ancien directeur de cabinet de Pierre Mauroy à l'Hôtel Matignon, Pébereau a utilisé le système des « poupées russes », afin de camoufler son savant montage. Les observations des sénateurs sont d'une exceptionnelle gravité. Ils notent que les fonds réunis ont abouti dans des sous-filiales étrangères et que « la nature de leur intervention ainsi que leur existence ont été couvertes par la plus grande confidentialité ». Ces sociétés-paravents ont été domiciliées dans des « filiales exotiques », selon l'expression du président de la COB, Jean Farge. Marceau Investissements, la société de Georges Pébereau, a fait l'acquisition d'une filiale hollandaise, qui a elle-même donné naissance à quatre sous-filiales de nationalité panaméenne immatriculées au consulat de Panama à Genève. C'est par là, dans les méandres du blanchiment de l'argent sale, que vos amis ont choisi de faire transiter le milliard de la Caisse des Dépôts, l'argent des épargnants français !

Dans cette affaire d'une limpidité toute socialiste, un certain M. Michel — vous connaissez ? — a dévoré, comme un lion, quelque 100 000 actions Société Générale, depuis les îles Caicos, obscur paradis fiscal situé en face des côtes du Venezuela. Pourquoi faire simple quand on peut faire compliqué ?

Je vous ai gardé, pour la bonne bouche, Monsieur le Président, les pressions exercées sur Bernard Pagezy (président de la Compagnie du Midi), par Charles Salzmann, votre précieux conseiller à l'Élysée, de 1981 à 1989, lui aussi grand ami de Roger-Patrice Pelat. Aujourd'hui récompensé par la présidence du tunnel du Mont-Blanc, l'un des meilleures « fromages » de la République, Salzmann n'hésite pas à prendre son téléphone, le 3 octobre 1988, pour menacer Bernard Pagezy — qui est alors à la tête d'un groupe privé —, et lui enjoindre de participer à l'offensive boursière contre la Société Générale :

« Si vous voulez pouvoir compter durablement sur l'appui du principal actionnaire [*de la Compagnie du Midi*] qu'est la Caisse des Dépôts, vous devriez être attentif au fait que Robert Lion est complètement impliqué dans le projet de Monsieur Pébereau. »

Rapportés par les sénateurs, ces propos s'apparentent ni plus ni moins à ce que l'on appelle le trafic d'influence. Un de plus... L'auriez-vous ignoré ? Comme le reste ? Vous ne vous en êtes jamais expliqué. Mais alors à quoi servez-vous si, dans votre entourage, tant d'hommes ont failli, sans que vous le sachiez, dans l'exercice des responsabilités que vous leur avez conférées ?

Vous aurez bonne mine, Monsieur le Président, et la France avec vous, quand, tôt ou tard, la Justice de la Suisse — qui n'est pas un pays de cocagne — lèvera, à la demande exprimée de la Justice française, le secret bancaire sur toutes les opérations réalisées à partir de son territoire par les « initiés » français du raid sur la Société Générale. Qui sont-ils ? On peut craindre le pire. Encore une fois, comme dans l'affaire Pechiney par exemple, chacun pourra mesurer l'étendue des effets pervers du système d'économie mixte que vous avez voulu pour la France. Il est le principal facteur de la contagion du mal, parce qu'il associe dangereusement les détenteurs de l'autorité publique — et donc l'intérêt public — à des intérêts privés. Le mélange de ces deux sphères a donné le résultat prévu. Quand on permet à des ministres et à leur cabinet, aux dirigeants des plus importantes institutions financières de l'État de violer leur devoir de neutralité, de faire ou de défaire des puissances financières, des fortunes du secteur privé, alors apparaît la tentation d'en profiter.

Vers l'État de passe-droit

Ne croyez pas, Monsieur le Président de la République, qu'il me soit agréable de réveiller ces souvenirs. Comme la plupart des Français — même ceux qui n'ont pas voté pour vous en 1981 —, j'attendais de votre présidence un autre spectacle que le triste capharnaüm que vous offrez au monde. Comme le disait le général de Gaulle, « on juge une politique à ses résultats ».

Qui, en 1981, aurait pu imaginer que vous entraîneriez vos amis vers l'anéantissement, le grand désastre de mars 1993 ?

Dans le « Programme commun de gouvernement » — catalogue de promesses mirifiques, rédigé avec le Parti communiste —, vous annonciez (3e partie, chapitre 1, alinéa 6) que, sous votre présidence, « aucune confusion ne s'établira entre les partis et l'appareil d'État », que « la corruption de l'argent et la violence ne seront pas tolérées... ». Les dispositions que vous promettiez de prendre pour établir et garantir l'indépendance de la justice à l'égard du pouvoir sont du même vin. Enivrant !

J'épargnerai à nos lecteurs — puisque cette lettre ne vous est pas seulement réservée — le rappel exhaustif de vos beaux engagements. Ils n'ont jamais existé que pour plumer la volaille. Vous n'avez même pas su les tenir l'espace de quelques mois. J'en veux pour preuve la première découverte que je fis, au tout début de votre mandat, des tripatouillages socialistes.

Le 11 octobre 1982, le journal *Libération* accuse Jacques Chirac et sa mairie de Paris d'avoir accepté les fausses facturations de cinq bureaux d'études, en vue, par ce « détournement de fonds publics », de financer le RPR. Au pouvoir avec les communistes depuis seize mois, vos amis socialistes et vous-même prétendez alors vouloir nettoyer les écuries d'Augias, incarner la morale et la vertu, face à une droite que vous n'avez cessé d'accuser de tous les péchés du monde. À force de vous répéter, vous avez fini par en convaincre la multitude. Mais, cette fois, les porte-plume du Parti socialiste, si ce n'est le PS lui-même, tombent sur un os. Le 13 octobre 1982, Jacques Chirac réunit la presse pour dénoncer « une vague de calomnies qui déferle contre la municipalité de Paris, contre le mouvement qu'il dirige et aussi contre lui-même ». Interrogé encore, le 17 octobre, par le Grand Jury RTL-*Le Monde*, l'ancien Premier ministre réfute une nouvelle fois les accusations ignominieuses dont *Libération* s'est fait l'écho :

« Elles sont toutes dépourvues de fondement, dit-il. Elles sont lancées par un journal d'extrême gauche, récemment soutenu financièrement par le gouvernement. »

Au palais de Justice de Paris, le procureur de la République Bouchery — placé sous l'autorité directe du ministre de la Justice — ordonne une « enquête préliminaire ». Sur la simple foi d'un article de presse abondamment repris par les chaînes de la télévision d'État, où vous aviez organisé une vraie « chasse aux sorcières », avec une cascade de « mutations-démissions », mises au placard et promotions intempestives. Maurice Ulrich, Claude Contamine, Jacqueline Baudrier, Jean-Louis Guillaud, Roland Faure, Jean-Pierre Elkabbach, Jean-Marie Cavada, André Sabas..., jusqu'à Guy Lux et Danièle Gilbert ont dû s'effacer devant vos amis déclarés ou des journalistes — plutôt de la race des caniches, cette fois — carrément militants : Pierre Desgraupes (« J'ai toujours eu des sympathies pour le PS ») ; Jacques Boutet (proche de Pierre Mauroy) ; Guy Thomas (sympathisant du PS) ; Michel Caste ; Maurice Séveno (PS) ; Michel Cardoze (PC) ; Marcel Trillat (PC), etc. Ce coup de balai rose provoque un mécontentement croissant du public. En témoigne la création d'associations de défense des téléspectateurs. Mais de cela, vous qui n'avez pourtant que le mot « liberté » à la bouche, vous vous moquez.

Dans la presse écrite, nous sommes alors une poignée de journalistes bien décidés à ne pas vous laisser faire. Cette mainmise sur les chaînes publiques nous révulse. Nous craignons, à juste titre, que ne s'instaure une information d'État. « L'affaire de la mairie de Paris » sera l'une des toutes premières occasions d'éclairer l'opinion publique sur les tentatives de désinformation de la gauche au pouvoir. Grâce à *Libé* — aujourd'hui autrement mieux inspiré — et aux télévisions convoquées pour salir vos adversaires, je vais pouvoir traiter de l'un des sujets alors parmi les plus tabous : le financement occulte du Parti socialiste. Par un incroyable concours de circonstances, ce sera l'histoire de l'arroseur arrosé. L'informateur de notre infortuné confrère *Libération* a commis une confusion malheureuse. En réalité — peut-être s'est-il trompé de sigle — les « détournements de fonds publics » qu'il dénonce ne sont pas imputables au RPR. C'est le PS qui est en cause.

Intitulé « Ville de Paris : 700 briques partent en fumée », l'article de *Libération* ne fait pas dans la dentelle. Le quotidien de Serge July affirme que des « bureaux d'études fantômes », fondés par un certain Jean Schwerdlin, ont été payés pour « des études tout juste bonnes à filer au panier ». « Sociétés-bidon pour des études-bidon [...] chèrement réglées par les services de Jacques Chirac », précise-t-il. Ces accusations, dont on mesure les conséquences, sont assorties d'un portrait au vitriol de Jean Schwerdlin auquel on attribue un « passé judiciaire extrêmement chargé ». Pour *Paris-Match,* je décide de vérifier l'exactitude du réquisitoire publié. Jean Schwerdlin accepte de me recevoir longuement, après une perquisition et un interrogatoire interminables de la brigade financière de la Police judiciaire. Elle lui a dépêché le docile procureur Bouchery, immédiatement après la publication de l'article de *Libération*.

En face de moi, l'homme n'a rien d'un bandit de grand chemin, ni d'un escroc. Courageux, il fait front, n'éludant aucune question. Ses réponses — que j'enregistre avec son autorisation — en disent long sur les méthodes des services dont votre gouvernement, Monsieur le Président de la République, use et abuse pour tromper l'opinion et égarer la justice.

Le passé judiciaire de Jean Schwerdlin ? Il a fait effectivement de la prison... en 1943, en Espagne, chez Franco. Résistant, il s'est fait prendre en tentant de rejoindre de Gaulle :

« Plus le mensonge est gros, plus il a de chances d'être cru, me déclare Jean Schwerdlin. On m'attaque dans le but évident, purement politique, de nuire à la ville de Paris et au RPR présentés, contre toute vérité, comme bénéficiaires de mes largesses. »

Mon interlocuteur s'étonne que la télévision d'État ait abondamment repris ces prétendues informations. Pour lui, il s'agit à n'en pas douter d'un contre-feu allumé pour détourner l'attention de ce qui se passe à Marseille où un épouvantable scandale — le suicide de René Lucet, victime de la « chasse aux sorcières » des socialistes — menace le PS et la municipalité de Gaston Defferre. Je ne peux que partager ce point de vue. Quatre mois auparavant, j'ai publié un livre, *850 jours pour abattre René Lucet. Les secrets d'une exécution politique.* J'y apportais la preuve de l'existence à Marseille d'un réseau de fausses facturations impliquant le maire, votre ami Gaston Defferre, plusieurs de ses adjoints, une kyrielle d'employés municipaux et de complices, tous associés dans le trucage des marchés de la ville. La brigade financière de Marseille avait enregistré mon témoignage pendant plusieurs heures. Les policiers m'avaient mis en garde. Alors que je m'apprêtais à signer le procès-verbal, le patron de la financière m'avait retenu la main :

« Vous avez bien réfléchi ? Vous savez ce que vous faites ? Quels risques vous prenez ? Ici, on est à Marseille !

— Et moi, jusqu'à preuve du contraire, dans un État de droit, avais-je répondu. Je ne recule jamais en chemin. »

Le lendemain, 14 juillet 1982, j'étais sauvé in extremis par la brigade criminelle et transporté sous bonne escorte jusqu'à l'aéroport de Marignane, pour être discrètement évacué sur Paris. Un « contrat » avait été lancé sur ma tête. Munis de ma photo, une vingtaine de tueurs étaient à mes trousses. Je dus quitter la France, pour les États-Unis, pendant trois mois...

Moins chanceux, Jean Schwerdlin s'étonne de l'acharnement d'un commissaire principal et de ses deux adjoints. Ces policiers de la brigade financière lui ont été envoyés par le procureur Bouchery. Réfugié derrière une montagne de dossiers, il m'autorise à les compulser. J'y découvre que son groupement d'intérêt économique, qui emploie

17 personnes, a pignon sur rue, avec des clients tels que la Caisse des Dépôts, la Préfecture de Paris, la Société nationale immobilière des armées et un grand nombre d'offices HLM. Tout est régulier.

D'un de ses classeurs, j'extrais une liasse de documents :

« De quoi s'agit-il, cela ressemble fort à une affaire de fausses factures ? »

Jean Schwerdlin sourit.

« Je vais vous livrer un secret, répond-il. Il ne concerne ni le RPR, ni la ville de Paris, avec laquelle d'ailleurs notre groupe n'a pas travaillé depuis 1978. Notre centre de recherches et d'études, le fameux CRESPU que *Libération* et la télé qualifient de " bureau fantôme ", a reçu en 1980, d'une personnalité socialiste du Nord, une proposition d'affaires non conforme — c'est le moins que je puisse dire — à l'esprit et à la rigueur dont *Libération* se réclame. »

Jean Schwerdlin me montre des lettres d'un faux bureau d'études socialiste dénommé « Conseil-Études-Actions pour le Développement des Communications sociales ». Il a son siège 120, boulevard d'Armentières à Roubaix et a soi-disant pour vocation « la suppression de l'habitat insalubre de la métropole du Nord ». En réalité, ce bureau d'études bidon intervient, à la demande des socialistes du Nord, sur les marchés de la communauté urbaine de Lille-Roubaix-Tourcoing. Les documents que j'ai entre les mains prouvent qu'il y a collusion entre cette officine et le directeur de l'habitat de la Communauté urbaine. Le faux bureau d'études n'est, ni plus ni moins, qu'une boutique de « racket » destinée à financer les socialistes. Reste à savoir quelle suite Jean Schwerdlin a donnée à ces propositions délictueuses. Réponse :

« Examinez le dossier. Vous constaterez que l'affaire ne s'est pas conclue, en raison de notre décision de ne pas accepter des mœurs que nous réprouvons et en dépit de l'espoir de marchés futurs nous garantissant un important chiffre d'affaires. »

Je vous rappelle, Monsieur le Président de la République, que nous sommes en novembre 1982. La brigade financière est saisie du dossier Schwerdlin par le parquet. Dans *Le Quotidien de Paris*, je ne cesse d'interpeller le procureur à propos de ce trouble bureau d'études du Nord. Silence radio des autorités. En cotte de mailles et casque à pointe, tout le monde est aux abris !

Tout d'un coup et comme par miracle, de Jean Schwerdlin on n'entendra plus parler. Mais le malheureux aura été pratiquement ruiné. Il ne s'est pas pour autant supprimé. Il faudra attendre dix ans et le changement de majorité au Conseil régional du Nord, en 1992, avec l'élection à sa présidence de l'écologiste Marie-Christine Blandin, pour que la justice commence à s'inquiéter des détournements de vos amis politiques dans le Nord. C'est l'affaire de l'ORCEP, où plusieurs « mises en examen » ont été prononcées, dont celle de Noël Josèphe, l'ancien président du Conseil régional. L'arbre qui cache la forêt...

1982-1992 : dix années ont passé jusqu'à ce que, de droit, la France en soit réduite à un État de passe-droit. Aboutissement logique de votre dérive. Car il est plus difficile de renoncer à de mauvaises habitudes, de vilains penchants, que de ne pas les prendre.

« *Francs filous
et faux facturiers* »

Oui, Monsieur le Président, vos deux septennats auront été ceux d'un affairisme effréné, d'une ampleur sans précédent sous la Ve République. Les détournements de fonds publics, le « racket » organisé des entreprises du pays, la mise en coupe réglée des administrations et groupes nationalisés ou para-étatiques ont représenté, depuis 1981, des milliards de francs.

Peut-on accepter que vous vous en laviez les mains, que vous rejetiez sur d'autres la responsabilité de ce qui a fini par disqualifier le Parti socialiste ?

Le premier coupable ? C'est vous !

Vous êtes celui qui, après avoir pris les commandes du Parti socialiste, en 1971, lors du congrès d'Épinay, a ordonné de le doter immédiatement d'un réseau occulte de collecte de fonds, sur le modèle de l'appareil financier du Parti communiste. Sous votre direction, une toile d'araignée couvrant toutes les régions de France a été constituée : de faux bureaux d'études aux enseignes multiples et changeantes. Tous vivent de transactions cachées ou de pourcentages (3 à

15 % !) perçus impunément sur les marchés publics. Dans *Le Quotidien de Paris* et *Le Figaro Magazine,* je n'ai cessé, depuis 1982, de dénoncer ces brigandages : extorsions de fonds, fausses factures, faux en écriture et usage de faux, comptabilités fictives, abus de biens sociaux, trafics d'influence, corruption, escroqueries... Pendant toutes ces années, vous et les vôtres avez traité ces mises en garde par le mépris. Vous étiez sûrs de votre impunité, de la passivité d'une justice soumise. Orgueilleux, vous n'avez pas entrevu qu'elle allait se réveiller.

Il a fallu, en octobre 1990, la publication du livre *L'Enquête impossible,* d'Antoine Gaudino, pour qu'enfin les Français découvrent, dans toute son ampleur, les dégâts de la corruption que vos amis ont instillée partout où ils le pouvaient. Dès lors, malgré les efforts désespérés de vos ministres de la Justice successifs (Pierre Arpaillange, Henri Nallet, Michel Vauzelle), vous ne pourrez empêcher la manifestation de la vérité. Plus un seul organe de presse, de droite comme de gauche — et même parmi les journaux qui vous sont le plus proches — n'acceptera de taire ce qui est devenu insupportable aux Français : des hommes ont failli aux devoirs de leur charge. Profitant de leurs fonctions, des ministres, des députés, des sénateurs, des conseillers généraux et des maires se sont livrés à un ratissage systématique pour financer le Parti socialiste et parfois s'enrichir personnellement.

Dès le départ, Monsieur le Président de la

République, vous avez tout su de ce système centralisé, monopoliste, dont le rôle est de parasiter les marchés des collectivités locales et des entreprises publiques aux mains des socialistes. Tentaculaire, le réseau Urba — du nom du bureau d'études fantôme qui chapeaute d'autres officines — a été fondé *à votre instigation*, en 1972, par les responsables socialistes qui vous sont le plus dévoués. C'est ce qu'on a aujourd'hui oublié, mais que j'explique, dès 1982, dans une grande enquête parue dans *Le Quotidien de Paris*. Pendant plusieurs semaines, nous révélons comment les socialistes sont passés maîtres dans l'art de tourner les lois régissant les marchés publics. Urbaconseil, Urbatechnic, le Gracco, Valorimo, Mercure International..., telles sont les enseignes des bureaux d'études fictifs, mais gourmands, placés sous l'autorité du GSR (Groupement des sociétés regroupées) à la présidence duquel nous découvrons Claude Faux, le mari de l'avocate et député socialiste Gisèle Halimi. Nous ne sommes pas au bout de nos surprises.

Dans les documents constitutifs de ces sociétés défilent les figures les plus emblématiques du socialisme d'après-guerre : Albert Gazier, vieux cacique de la SFIO ; Charles Hernu, le fidèle d'entre vos fidèles ; Jean Deflassieux, que vous avez propulsé à la présidence du Crédit Lyonnais ; l'indispensable Gérard Monate, ancien gardien de la paix, qui deviendra le grand patron de vos faux facturiers, après être passé par la Fasp, le syndicat de gauche de la police, puis par le cabinet de votre ministre Joseph Franceschi ; Roger Fajardie, le cuisinier des opérations électorales du PS ; Raymond Vaillant, adjoint de Pierre Mauroy à la mairie de Lille, chargé ensuite des « décorations » (!) à Matignon ; Marie-Josèphe Pontillon, vieille militante, avec son mari, le sénateur Pontillon, devenue la secrétaire particulière de Pierre Mauroy à Matignon ; Antoine Blanca, journaliste à *L'Unité*, l'organe aujourd'hui défunt du PS ; Jean Offredo, bombardé en 1983 présentateur du journal à TF1 ; André Bellon, alors conseiller de Lionel Jospin ; Jean-Claude Routier-Leroy, l'homme de la propagande ; André Sudre, le bras droit à l'époque d'André Chandernagor ; Bernard-Georges Renouard, le collaborateur du syndicaliste et éphémère ministre du Temps libre André Henry ; Harris Puisais, conseiller de Claude Cheysson au Quai d'Orsay, grand spécialiste de l'Union soviétique, qui sera, jusqu'à sa mort, début 1989, l'éminence grise de Pierre Bérégovoy aux Finances ; jusqu'à votre vieil ami François de Grossouvre, actuel responsable des chasses présidentielles, le seul à avoir démissionné presque aussitôt, refusant de cautionner des activités passibles des tribunaux.

Toutes ces personnes — la liste est encore bien plus longue — figurent dans les statuts d'Urbaconseil (fondé le 25 février 1972), de son appendice Urbatechnic (à partir de 1973) et enfin du Gracco (Groupement d'achats des collectivités) dont les administrateurs sont toujours des militants actifs, nationaux et régionaux, du PS.

Au fil des ans, on retrouve tous ces noms dans les conseils d'administration de sociétés reliées entre elles par le « poing et la rose ». Certains apparaissent dans les actes d'Urbaconseil, puis d'Urbatechnic ; d'autres dans ceux du Gracco. Les mieux servis, les plus sûrs et les plus influents sont omniprésents. Il y a aussi, au-delà de tous ces prête-noms, de ces militants, de ces « porteurs de parts » du PS, de cette vitrine de notables, la coulisse où s'activent les collecteurs de fonds. Prévenue, la justice fait la sourde oreille. Vous vivez votre état de grâce.

Quand, en 1987, éclate l'affaire Luchaire (les ventes d'armes françaises à l'Iran), je ne suis donc pas étonné de retrouver les noms de Jean-François Dubos, François Diaz et Charles Hernu. Il serait trop long et certainement vain de parler ici de cet Irangate à la française. Il s'est soldé chez nous par un non-lieu abracadabrant, à l'automne 1989. L'ordre est venu de la Chancellerie, qui a suivi à la lettre la ferme recommandation de l'Élysée. Mais de l'affaire Luchaire, nous réentendrons prochainement parler : à l'heure où j'écris ces lignes, elle est jugée en Italie, par la Cour d'assises de Venise, grâce à la ténacité et au courage du « petit juge » Felice Casson. De lourdes peines de prison ferme ont été requises.

Cité, en France, dans l'affaire Luchaire, Jean-François Dubos fut, jusqu'au 24 mars 1982, administrateur d'Urbatechnic. Il était alors domicilié rue de Bièvre, cette ruelle pittoresque du Quartier latin à Paris, dont les issues sont interdites à la circulation, puisque vous y habitez. Éminence grise de Charles Hernu au ministère de la Défense, Jean-François Dubos a lui aussi collaboré à Urbatechnic... avec le très secret François Diaz, autre acteur du dossier Luchaire. Homme d'affaires installé à Villeurbanne, fidèle de Charles Hernu, Diaz est alors président de la commission de contrôle financier de la Fédération socialiste du Rhône, soupçonné, dans le rapport du contrôleur général des armées Jean-François Barba, d'avoir encaissé 2,5 à 3 millions de francs des Iraniens, par l'intermédiaire d'André Falcoz (décédé en 1988), autre ami de Charles Hernu. Vrai ou faux ? Allez savoir. Toujours est-il que François Diaz eut longtemps la responsabilité du Gracco. Il disposait de « correspondants » dans les principaux ministères. Quand Guy Marty, le patron du groupe Urba, est appelé par Pierre Mauroy à Matignon, après mai 1981, c'est François Diaz qui prend les affaires en main. Dans l'enthousiasme de la prise du pouvoir, il s'imaginera au-dessus des lois... au point d'écrire des lettres ayant toutes les apparences du trafic d'influence et du racket.

Ses courriers, que je découvre, sont d'une folle imprudence. À leur lecture, il est manifeste que tout entrepreneur voulant travailler avec une municipalité socialiste a l'obligation — je dis bien l'obligation —, s'il veut emporter le marché qu'il convoite, de signer un protocole d'accord avec le Gracco, contrat par lequel il donne mandat à celui-ci pour intervenir auprès des mairies socialistes et les convaincre. Le même entrepreneur s'engage par ailleurs à verser une commission de « X % » au Gracco... sur le montant hors taxes des affaires traitées. Ainsi devient-il, malgré lui et sous la contrainte, un fournisseur et un financier du PS. À quelques variantes près, le mécanisme est le même pour toutes les sociétés de racket de la galaxie Urba. À cet égard, les documents que je publie le 7 novembre 1987 dans *Le Figaro Magazine* auraient dû, Monsieur le Président de la République, provoquer l'ouverture immédiate d'une information judiciaire à l'encontre des dirigeants d'Urba.

La justice devra patienter jusqu'au 5 mai 1989, pour être officiellement saisie du dossier Urba, grâce à un rapport inattendu de deux courageux inspecteurs de la police judiciaire, Antoine Gaudino et Alain Mayot. Au siège marseillais d'Urba, ces policiers ont fait, le 17 avril 1989, une étonnante découverte. Elle confirme ce que je savais et avais écrit depuis tant d'années, à propos des agissements de ce réseau tentaculaire. Tout est consigné dans quatre cahiers à spirales de Joseph Delcroix, le directeur administratif d'Urba. Nous le surnommerons le « greffier de la corruption ». Saisies, ces notes relatent au quotidien et par le menu tout le fonctionnement financier secret du Parti socialiste, notamment le financement occulte de votre campagne présidentielle de 1988. Ce 5 mai 1989, Antoine Gaudino et Alain Mayot remettent le fruit de leur enquête au procureur de la République de Marseille, Claude Salavagione. Transmis à la Chancellerie, ces documents sèment la panique chez les dirigeants socialistes. La gestion de ce dossier va engendrer une suite d'erreurs et d'abus grossiers qui vont achever de déconsidérer le PS, ses dirigeants, ainsi que les trois gouvernements de Michel Rocard, Édith Cresson et Pierre Bérégovoy.

Cette fois, avec les cahiers de Joseph Delcroix, c'est vous, Monsieur le Président de la République, qui êtes personnellement mis en cause. Mine inépuisable, les découvertes des inspecteurs Gaudino et Mayot fournissent la preuve irréfutable des malversations d'Urba. Elles sont maintenant révélées dans toute leur ampleur. De surcroît, elles permettent d'affirmer que votre campagne, lors de l'élection présidentielle de 1988, a été financée par « l'argent sale » d'Urba. Grâce au racket des entreprises, grâce au produit des fausses factures, du trafic d'influence et de la corruption.

Est-ce cela qui vous autorise à fustiger « l'argent facile, l'argent qui corrompt, l'argent qui tue », à continuer de jouer les grands humanistes et les premiers prix de vertu ? Alors que les comptes de votre campagne présidentielle sont de toute évidence frauduleux, certifiés, qui plus est, par l'expert-comptable David Azoulay, celui-là même qui donnait des cours de fausses factures aux dirigeants d'Urba et imaginait les montages financiers en vue du blanchiment de l'argent récolté. Directeur de votre campagne électorale, Pierre Bérégovoy n'a pu supporter sans peine le déballage de tous ces exploits. D'autant qu'il ne semble pas y avoir été directement associé.

En revanche, ce financement occulte — à hauteur de 25 millions de francs — ne pouvait être ignoré par votre trésorier Henri Nallet, dont vous allez faire votre ministre de la Justice. Celui qui va s'employer à bloquer la machine judiciaire pour que les tribunaux ne puissent mettre leur nez dans l'ensemble du dossier Urba... et, par ricochet, remonter jusqu'aux comptes de votre campagne.

On connaît la suite. Dans un premier temps, Monsieur le Président, votre équipe a pu penser avoir gagné la partie. Gaudino et Mayot ont été immédiatement dessaisis du dossier, celui-ci étant rangé dans un carton. Un mois après, vos ministres imaginent une nouvelle loi d'amnistie. Tentative infructueuse. Cette loi est finalement adoptée, en décembre 1989, dans le cadre des nouvelles dispositions sur le financement des partis politiques. Elle sera promulguée le 15 janvier 1990. Entre-temps, Antoine Gaudino a été sanctionné, muté — lui, le spécialiste des questions financières — dans un obscur commissariat de police pour s'occuper de drogués.

Ainsi, Monsieur le Président, en intervenant à l'encontre d'un officier de police judiciaire qui a régulièrement concouru à une enquête et en empêchant le déclenchement de l'action publique contre les bénéficiaires socialistes de la corruption, le comportement des responsables de l'État a contrevenu aux exigences du service public dans l'unique but de satisfaire des préoccupations politiques, purement partisanes, au préjudice d'une saine administration de la justice. Est-ce cela, « l'État impartial » que vous aviez promis aux Français dans votre profession de foi de 1988 ?

Faute de voir reconnu et réparé le caractère injuste de sa « mutation-sanction », ainsi que l'inadmissible intervention du pouvoir politique dans le cours normal de la justice, Antoine Gaudino a publié, le 10 octobre 1990, *L'Enquête impossible,* que vont s'arracher les Français et qui va vous causer tant de souci. Ce qu'il écrit sur l'affaire Urba permet de constater qu'il a agi en conscience contre des atteintes intolérables à l'ordre public. Il n'a fait que remplir son devoir de loyauté envers les institutions républicaines, tel que le prévoit expressément le code de déontologie de la police. Malheur au trouble-fête ! Exit Gaudino !

Le 12 octobre 1990, l'inspecteur est suspendu par le ministre de l'Intérieur Pierre Joxe, ancien responsable des finances du PS. Enfin, le 18 mars 1991, Gaudino est révoqué pour « manquement à l'obligation de réserve », bien qu'il soit pleinement soutenu par l'ensemble des médias, par l'opinion publique, de nombreux parlementaires (Philippe de Villiers, Nicole Catala, Frank Borotra, François d'Aubert, Jean-Louis Debré, Daniel Colin...), de même que par les écologistes d'Antoine Waechter. Cette révocation suscite une très vive indignation : elle est unanimement condamnée par tous les syndicats de magistrats et de policiers (en civil et en tenue). Lors du conseil de discipline convoqué pour le destituer, les représentants syndicaux se sont d'ailleurs opposés à toute sanction du policier incorruptible. Car, à l'illégalité de sa révocation et en l'absence d'une violation du secret de l'instruction, l'inspecteur Gaudino oppose le caractère légitime de sa démarche. Elle est, uniquement, la conséquence d'un important dysfonctionnement des institutions, préjudiciable à notre État de droit. En ce sens, elle justifie une limite à l'obligation de réserve. Celle-ci doit s'arrêter là où commence l'abus flagrant de droit, de pouvoir.

Le 13 octobre 1991, votre ami Bernard Tapie obtient de rencontrer Gaudino dans le plus grand secret. La conversation est enregistrée. Car le policier révoqué a quelque raison de se méfier. Au cours de l'entretien, dans une chambre du Sofitel à Marseille, Tapie « jure sur la vie de ses enfants » que, par l'intermédiaire de Jean-Louis Bianco, alors secrétaire général de l'Élysée, vous vous êtes opposé à l'intention de votre Premier ministre Michel Rocard de ne plus entraver l'action de la Justice dans l'affaire Urba. En d'autres termes, le Premier Magistrat de France, vous, Monsieur le Président de la République, avez violé les devoirs de votre charge, en faisant passer votre intérêt personnel avant celui du pays. Comme le rapporte Gaudino — approuvé par les observateurs les plus avisés —, votre interdiction signifiée à Michel Rocard de laisser ouvrir une information judiciaire dans cette affaire d'État trahissait votre volonté de ne pas permettre à la justice de remonter la piste de la corruption, de l'argent sale.

Quelles qu'aient été vos instructions, Monsieur le Président de la République, quoi que vous ayez entrepris, en dépit des manœuvres de vos gouvernements successifs, le dossier Urba va cependant éclater et pouvoir enfin faire l'objet d'une instruction judiciaire en bonne et due forme. Il soulèvera au grand jour le problème de la corruption généralisée d'un parti politique, le vôtre.

Aidé par moi dès le départ, soutenu par la quasi-totalité de la presse, Antoine Gaudino se définit lui-même comme un « déçu de la gauche ». De même que le juge du Mans, Thierry Jean-Pierre, à qui, en mars 1991, je remets, à sa demande, un jeu complet des cahiers du « greffier de la corruption » Joseph Delcroix. Ils sont en ma possession depuis le début de l'affaire. Je me les suis procurés grâce à ma connaissance ancienne du dossier. J'en profite ce jour-là pour communiquer au juge de nombreuses pièces originales et inédites sur les agissements d'Urba. Au total, plus de 600 feuillets, où fourmillent noms, chiffres, dates, tout ce que vos amis purent commettre d'inavouable, d'illégal, durant toutes ces années qui nous firent passer « de l'ombre à la lumière », suivant la prophétique expression de Jack Lang, à la Bastille, au soir orageux de votre première élection à la magistrature suprême, le 10 mai 1981.

Depuis, Monsieur le Président de la République, l'affaire Urba a suivi son cours et j'en suis fort aise. Vos ministres ont tout entrepris pour arrêter le juge Thierry Jean-Pierre et son successeur, Renaud Van Ruymbeke, dans leurs démarches. Pressions, insultes, menaces, manœuvres dilatoires, déclarations diffamatoires... rien ne leur a été épargné. Mais leur détermination à appliquer la loi n'a pas été ébranlée. Victimes d'une campagne de calomnie sans précédent dans l'histoire de la justice, sous la Ve République, ils ont appris à leurs dépens que la France n'est pas l'Italie. Ce n'est pas chez nous que des magistrats pourraient aller aussi loin, aussi vite et aussi fort que dans l'opération « Mani pulite » (mains propres). Celle qui a permis à la justice italienne, au juge Giorgio Di Pietro notamment, de démasquer plusieurs milliers de corrupteurs et de corrompus.

Le vent de salubrité publique qui souffle aujourd'hui sur toute l'Italie atteindra-t-il un jour la France ? Je vous livre ici en sujet de méditation ce témoignage recueilli par l'hebdomadaire *Le Point* (15-21 mai 1993) de Giorgio Bocca, l'éditorialiste du quotidien *La Repubblica* et auteur de *L'Enfer, enquête au pays de la Mafia*. À propos du démocrate-chrétien Giulio Andreotti, le plus vénéré des hommes d'État italiens, Bocca procède, en expert, à une analyse dont vous reconnaîtrez avec moi qu'elle ne manque pas de pertinence :

« Le mystère Andreotti, écrit-il, est un faux mystère, c'est le mystère du pouvoir. Il repose sur un des trucs les plus vieux du monde : mentir froidement, distraitement, comme s'il s'agissait de quelqu'un d'autre. Aussi longtemps que l'auteur conserve le pouvoir, le mensonge l'emporte sur toutes les suspicions, puisque ce n'est pas la vérité qui est en jeu, mais le pouvoir. »

Aux innocents
les mains pleines

« Le mensonge » ? Tel est, Monsieur le Président, la maladie qui ronge à peu près toutes nos démocraties. La France, comme l'Italie, n'y échappe pas. Les cyniques y règnent en maîtres.

L'aplomb dont vous faites preuve, quelles que soient les circonstances, est sans aucun doute ce qui vous distingue le mieux de tous les autres hommes politiques. J'ai toujours apprécié chez vous votre aptitude à présenter vos fautes comme de grands succès, vos échecs comme des réussites incomprises. J'admire votre capacité à retourner à votre avantage les situations les plus désespérées.

Le 12 février 1989, reçu par Anne Sinclair à l'émission « 7 sur 7 » de TF1, vous commentez l'affaire Pechiney-Triangle, dans laquelle sont impliqués votre ami Roger-Patrice Pelat et le financier socialiste Max Théret. Dehors, c'est la tempête. Les plus graves soupçons planent sur votre entourage. Rendu public le 30 janvier 1989, le rapport d'enquête de la Commission des Opérations de Bourse (COB) désigne nommément vos deux amis ainsi que d'autres. Ses conclusions sont accablantes. Jamais, depuis le 10 mai 1981, le pouvoir n'a été éclaboussé à un si haut niveau. Cette fois, ce n'est pas la presse, mais une institution de l'État qui révèle comment votre ami le plus proche s'est enrichi grâce à une spéculation frauduleuse, un facile délit d'initié. En face des caméras, yeux papillotants, vous donnez un cours d'éducation civique. Tranquille, vous discourez, comme si vous n'étiez ni de près ni de loin concerné :

« [...] Je considère que l'argent gagné trop facilement est pour toujours suspect et qu'en effet, il est fait pour corrompre [...]. »

Saint François ! Votre parole est d'évangile. L'émission dure 1 heure 50 au lieu des 55 minutes prévues. Nullement gêné, vous fustigez, une fois de plus, « l'argent qui corrompt, l'argent qui achète, l'argent qui écrase ». Quatre jours après, « Monsieur le vice-président » Roger-Patrice Pelat est inculpé de « recel de délit d'initié ». Comme Giulio Andreotti, l'événement vous laisse froid et distrait.

L'année suivante, fin avril 1990, un Marseillais demande à me voir. Je le rencontre dans l'aquarium de chez Lipp, haut lieu de vos exploits passés. Josua Giustiniani se présente :

« Je veux, me dit-il d'emblée, dévoiler des vérités dont on peut difficilement imaginer qu'elles puissent exister. Aujourd'hui, je dois tout dire, quelles qu'en soient les conséquences. J'ai rempli mon contrat, mais on m'a abandonné. Je ne peux l'accepter. »

Mon interlocuteur est un curieux personnage. Ancien gauchiste de l'après-mai 1968, il se présente comme l'un des plus efficaces spécialistes du Parti socialiste pour la collecte de fonds occultes.

« Quel est votre rôle, avez-vous des preuves ? Êtes-vous prêt à aller jusqu'au bout dans votre démarche ? Si oui, quelles sont vos motivations ? »

En guise de réponse, Giustiniani me tend un dossier :

« Lisez. Je vous ai préparé un résumé succinct de ce que j'entends dévoiler. J'ai été recruté à Marseille, sous Gaston Defferre, pour devenir l'un des " financiers " officiel du PS. Je ne suis pas un saint, loin de là. C'est justement pour cela que l'on a fait appel à mes services. Les fausses factures et le trafic d'influence sont devenus ma spécialité. Avec mon commando d'élite, nous avons racketté les entreprises françaises aux quatre coins du territoire, dans les Bouches-du-Rhône, à Paris, en Eure-et-Loir, dans la Drôme et le Vaucluse, dans les départements et territoires d'outre-mer... jusqu'à Nevers et Châtellerault, les villes de Pierre Bérégovoy et Édith Cresson. Je vous propose de publier ma confession. Ma décision est prise : je vais tout dire, m'accuser, révéler les méthodes, les chiffres, les lieux, les noms de mes commanditaires. Ils remontent jusqu'au sommet de l'État...

— Oui, mais pourquoi tout avouer maintenant ?

— Aujourd'hui, ceux qui ont fait appel à mes services, qui ont bénéficié de cet argent sale, se blanchissent en s'auto-amnistiant. Ils me laissent sur le bord de la route. Eux se sont tirés d'affaire, mais moi je suis poursuivi par la justice. Je veux bien être jugé pour ce que j'ai fait, mais pas tout seul. Le travail qui m'était demandé par les responsables socialistes n'était pas autre chose que du vol authentique et certifié sans risque. Dans cette organisation, je n'ai jamais été qu'un comparse. Mais, participant au financement du parti politique au pouvoir, j'avais la conscience tranquille. Je ne me considère comme responsable qu'à hauteur de mes profits personnels. Pour le reste, c'est-à-dire l'essentiel, je demande à la justice de s'adresser directement à mon commanditaire, le Parti socialiste. Pourquoi devrais-je payer à sa place ? Sous prétexte que, au pouvoir, il bénéficierait d'une totale immunité ? Non, il n'en est pas question.

— Mais tout de même, vous avez violé la loi en exerçant des activités illicites, ce que notre société ne saurait admettre.

— Recruté et rémunéré par le Parti du Président de la République, je pensais agir au nom de la raison d'État. Quelle est la différence entre un James Bond et moi ? Lui agit au nom de la reine et moi au nom de ceux qui dirigent la République. Bien sûr, on pourra me rétorquer que je n'étais pas membre d'un service secret. Mais je vous donne ma parole que ce que je faisais devait rester secret. »

J'ouvre le dossier. J'y trouve des photographies de Josua Giustiniani en action. Entouré de ceux

qu'il appelle lui-même sa « bande de carnassiers »,
il est assis devant le bureau directorial de son
officine de fausses factures, sous votre portrait
officiel, Monsieur le Président, celui qui orne tous
les lieux publics de France. Vient ensuite un gros
paquet de lettres accréditives ou de mission, de
contrats, de courriers officiels, desquels il ressort
que Josua Giustiniani est bien ce qu'il dit être :
l'homme clé d'un réseau de racketteurs, enrôlé par
les dirigeants nationaux du PS, ordonnateur de ce
qu'il appelle lui-même un véritable « tir aux pi-
geons ».

Je suis dérouté. Ce que je pressentais est là, sous
mes yeux : des fausses factures par dizaines ; des
noms par centaines ; des détournements de fonds
qui se chiffrent en dizaines de millions de francs ;
la trace comptable et bancaire des sommes encais-
sées par les dirigeants du PS, parfois sur leurs
comptes personnels. J'observe qu'il ne s'agit pas
de photocopies. Accablantes, les preuves sont là.
À la table voisine, l'un de vos ministres boit du
champagne. Et moi du petit-lait :

« C'est d'accord, votre livre paraîtra. Je m'y
engage, sous réserve d'avoir accès à toutes les
pièces en votre possession, que vous me remettiez
la totalité des fausses factures établies, les documents prouvant que vous avez été engagé par les
responsables du PS, avec pour seule mission de
voler les entreprises et l'État. »

Josua Giustiniani respectera toutes ces exigences. Ensemble, quelque part du côté de Marseille, nous allons cohabiter pendant huit jours

avec une montagne de documents originaux, dont 12 000 fausses factures et un plein attaché-case de souches bancaires qui, une fois le manuscrit terminé, seront conservées par deux avocats, Mᵉ Pascal Dewynter et Mᵉ Patrick Gaultier. Le livre de Josua Giustiniani, *Le Racket politique,* paraîtra en juin 1990, avec, en annexe, un échantillon consistant de ces preuves sans lesquelles ses aveux n'auraient pu être rendus publics. Et quels aveux !

Ouvrez donc cet ouvrage de référence, Monsieur le Président. Unique, il permet de comprendre, de l'intérieur et de la bouche même d'un des acteurs de tous ces brigandages, comment, sans que nul ne l'ignore dans ses hautes sphères, le Parti socialiste a érigé la rapine en instrument de pouvoir. En outre, les aveux de Giustiniani montrent que la pieuvre Urba était concurrencée par une multitude de « réseaux parallèles ». Chaque roitelet du PS avait sa propre « pompe à phynances ».

Josua Giustiniani a œuvré d'abord pour le compte de Michel Pezet, le dauphin de Gaston Defferre à Marseille, avant d'être récupéré par Claude Estier, alors président de la commission des Affaires étrangères à l'Assemblée nationale et directeur général du journal *L'Unité,* l'hebdomadaire national du PS. Une mission délicate et de confiance. Aux côtés d'Estier, Josua Giustiniani prend la suite de l'OFRES, l'officine du célébrissime Hubert Haddad, l'un de vos pionniers, celui qui avait ouvert la voie, en 1972, en s'occupant de la régie publicitaire du *Courrier de la Nièvre,* votre journal de Nevers. Vous l'avez ensuite « recommandé à des amis ». Haddad est ainsi devenu ultérieurement dans l'appareil financier secret du PS, l'un des plus brillants chevaliers de la fausse facture, ce qui lui vaudra quelques désagréments... et le conduira, sagement, à se faire oublier.

Le témoignage de Josua Giustiniani sur les exploits qui lui furent commandés en dit long sur votre détermination à « changer la vie » :

« Au même titre que toutes les autres sociétés de racket liées au PS, raconte-t-il, nous recensons systématiquement les appels d'offres sur les marchés publics, ceux lancés par les mairies socialistes dans notre région. Ensuite, il ne nous reste plus qu'à aller solliciter les firmes qui soumissionnent ces adjudications. Nous leur proposons nos services, sans autre forme de procédure... et faisons payer d'avance. Une fois le chèque perçu par... la société-écran du journal *L'Unité,* nous concluons notre mission, en présentant nos victimes. »

À qui ? Aux représentants, aux dirigeants du PS avec lesquels Giustiniani est lié par contrat. Grâce à Claude Estier, il passe à la vitesse supérieure. Avec sa bande de rançonneurs, il pratique ce qu'il appelle le « coup de l'assommoir ». À Marseille d'abord, bientôt dans toute la France, leurs méthodes changent radicalement. Il leur faut user de plus de tact, car l'autorité morale qui leur est conférée par la lettre de mission de Claude Estier leur impose un peu de retenue.

« Je dis bien : " un peu ", nuance à sa manière le

faux facturier de votre parti. À partir de maintenant, nous y mettrons davantage de formes. Ce qui rendra encore plus barbare la mise en application de nos méthodes. Le " coup de l'assommoir " va se perfectionner, au point de prendre les allures du " coup du lapin ". Muni de l'accréditif magique du PS, nous débarquons toujours à deux dans les entreprises. Comme dans la police, l'un fait le bon, l'autre le méchant. Avec l'autorisation et même la recommandation de Claude Estier, notre papier à lettre change d'en-tête. Il mentionne désormais : " Agence Média Presse — Service publicitaire de *L'Unité,* journal du Parti socialiste ". Cet intitulé est, à lui seul, un sauf-conduit qui nous ouvre toutes les portes. »

Pour leur faciliter les douloureux problèmes de stationnement et de circulation, les véhicules des racketteurs sont maintenant garnis de cocardes tricolores. À leur passage, même la police les salue révérencieusement. Il n'est pas rare qu'ils se fassent escorter par des motards.

« À Paris, Claude Estier me voit régulièrement, ajoute Giustiniani. Au début, il manifeste une certaine déception à la vue des chèques que je lui remets. Il en veut davantage. Je lui fais part de mon manque d'effectifs. Réponse abrupte : " Recrutez, mais attention, pas de bavures ! " Le conseil est aisé, l'art plus difficile... Je m'entoure de la fine fleur de tout ce que la France connaît de plus qualifié. La plupart de mes recrues n'adorent qu'un seul dieu, l'argent. Ils seront bientôt une bonne quarantaine à s'abattre sur les entreprises françaises, comme une volée de moineaux... Flanqué de ces personnages d'une haute intégrité morale, je vais, pendant cinq ans, passer la France au peigne fin. »

Je vous épargnerai, Monsieur le Président de la République, les autres prouesses du tandem Giustiniani-Estier. L'actuel président du groupe socialiste au Sénat apparaît dans le témoignage de l'auteur du *Racket politique* sous les traits insolites d'un insatiable prébendier.

Après plusieurs années de bons et loyaux services, Josua Giustiniani adhère enfin au PS. Nous sommes au début de 1988. On prépare le financement de votre campagne présidentielle. Les millions valsent. Giustiniani opère maintenant dans toutes les régions. La « clientèle » commence à renâcler. Trop, c'est trop ! Pressurés à l'excès, les payeurs réalisent qu'on les prend pour des « gogos ». Mais, vaille que vaille, Giustiniani continue sa pêche :

« Ma société agit au nom du parti du Président et n'est, en quelque sorte, qu'un de ses bras séculiers. »

Celui qui se définit comme un « ramasseur de fonds », un « voleur d'État », se mobilise spontanément quand, le 22 mars 1988, vous annoncez votre candidature à votre propre succession. De sa participation à la campagne de propagande en vue de votre réélection, il retient ce souvenir :

« Je me mets, de mon propre chef, en rapport avec son état-major de l'avenue Franco-Russe à

Paris. Pierre Bérégovoy... dirige le quartier général. Au téléphone, on me donne le feu vert pour
l'édition spéciale et la diffusion nationale d'un
" journal socialiste " que je baptise *Jonction,* et qui
a pour objet de soutenir la candidature de François
Mitterrand. Je suis le directeur de la publication.
Mes courtiers constituent le comité de rédaction. »

La participation de Josua Giustiniani à votre
campagne de 1988 sera, Monsieur le Président,
l'un des derniers coups d'éclat de ce « Monsieur
fausses factures » et de son équipe recrutée, de son
propre aveu, dans les endroits les plus mal famés.
Il en garde un souvenir ému :

« Dans *Jonction,* comme au théâtre à la fin de la
pièce, tous les acteurs reviennent sur scène pour
saluer... En dernière page, mes collecteurs et moi-
même posons pour la postérité sous le portrait de
François Mitterrand assorti du slogan : " Bienve-
nue au Président ". Une fois encore, nous en
appelons à la charité de tous. »

La diffusion des 60 000 exemplaires de ce journal dans les Fédérations socialistes, administrations, ministères, mairies, et jusqu'à l'Élysée, vaut
à Giustiniani et à ses « carnassiers » des compli-
ments officiels et parfois amicaux.

Le 4 mai 1988, Pierre Bérégovoy, sur un ton
mesuré, « félicite » Giustiniani pour son travail.

Le 26 mai, Laurent Fabius est bien plus chaleu-
reux, dans un courrier de remerciement où le
tutoiement est de rigueur.

Vous-même, Monsieur le Président de la République, y êtes allé de votre témoignage de recon-

naissance. Dans une lettre du 5 mai 1988, vous écrivez au collecteur de fonds Giustiniani : « Cher ami, ... Croyez que j'ai été très sensible à vos marques de confiance et d'amitié qui constituent pour moi un précieux soutien. »

Mais vous ne saviez pas à qui vous vous adressiez. De leur côté, vos camarades Michel Pezet et Claude Estier ont oublié les contrats passés avec Josua Giustiniani ainsi que les fonds reçus pendant plusieurs années pour financer frauduleusement les « caisses noires » de votre parti.

Aux innocents les mains pleines...

Caisses noires
sans frontières

Sous les socialistes, Monsieur le Président, la corruption qui s'est développée pendant toute la décennie 80 et jusqu'à cette année 1993 a atteint la cote d'alerte. Plus les choses vont, plus les pratiques délictuelles deviennent courantes, plus il est difficile de redresser la situation, de combattre le fléau. La corruption menace de devenir un cancer incurable. Inquiets de cette dérive, alarmés par la masse des témoignages et documents reçus, nous sommes quelques-uns, de bords politiques différents, voire opposés, à nous être rassemblés dans l'étude et le combat de ce dangereux phénomène.

Certaines bonnes âmes ont beau jeu de traiter par la dérision les Philippe de Villiers et autres François d'Aubert porte-drapeaux au Parlement de la croisade anti-corruption. Mais justement, la solution de ce problème est avant tout politique. C'est en combattant l'indifférence générale, principalement des milieux politiques, à l'égard de la montée de cette nouvelle criminalité que, comme en Italie, nos démocraties retrouveront leur force.

Un regard sur le problème de la corruption dont souffrent la quasi-totalité des pays occidentaux permet d'affirmer que, si l'on n'y prend garde, si des mesures d'urgence ne sont pas adoptées, elle finira par déstabiliser les États et achèvera de déconsidérer nos classes dirigeantes. Craignons aussi qu'elle ne renforce l'extrémisme de droite, dont vous avez contribué à faire le lit et dont vous savez si bien jouer.

L'Italie, où le danger politico-mafieux a été poussé à son paroxysme, n'est pas un cas isolé. En Grèce, les gouvernements successifs du socialiste Andrhéas Papandhréou — votre jumeau hellène — ont dévasté l'économie du pays. Athènes ne pourra se relever avant longtemps de leurs pillages. En Espagne, votre poulain Felipe Gonzalez — prophète, comme vous, de l'indispensable retour aux bonnes mœurs — s'est déconsidéré en couvrant les vols des nouveaux riches de sa mouvance socialiste. Son parti s'était pourtant fait porter au pouvoir, en 1982, en promettant des lendemains qui chantent. Nos voisins du Sud ont été servis : affairisme et corruption ont gagné tous les rouages de l'économie et de l'État. Dans son livre *L'Argent sale*, paru au début de 1993 chez Plon, François d'Aubert explique comment, à Madrid, « d'idéologiques, les discussions amicales glissent nettement sur le plan financier : les camarades ont enfin le droit de mettre les doigts dans le pot de confiture ». Dans ce contexte de fric facile et abondant, de laxisme administratif, les hiérarques de l'Internationale socialiste affluent de toute l'Europe pour les grandes occasions. Par exemple, la Feria de Séville. Français et Italiens y rejoignent, la rose au poing, leurs camarades espagnols. À ces agapes participe la fine fleur de la finance la plus aventureuse.

À l'image de son homologue français, le Parti socialiste espagnol va finir totalement ravagé par les scandales. L'affaire Urba locale s'appelle notamment Filesa. Elle met en cause les dirigeants du parti de Felipe Gonzalez. Eux aussi ont encaissé des pots-de-vin par wagons, notamment du groupe allemand Siemens pour le contrat du TGV Séville-Madrid. Les « chiens » de journalistes de l'hebdomadaire espagnol *Tribuna* ont découvert que l'une de ces commissions occultes a transité par la société zurichoise Experta. Celle qui était mêlée aux affaires de votre ami Roger-Patrice Pelat, et qui avait acheté pour le compte de celui-ci des actions Triangle avant l'OPA de Pechiney sur la firme américaine d'emballage. Méchantes langues, les journalistes de *Tribuna* n'ont pas manqué de faire des rapprochements. Ils ont relevé que derrière Siemens, la firme française Alsthom est le second constructeur du TGV espagnol. En 1982, bien avant d'être reprivatisée, Alsthom avait généreusement racheté Vibrachoc, l'affaire de Roger-Patrice Pelat où siégeaient les dirigeants d'Experta. Pure et malheureuse coïncidence, j'en conviens volontiers avec vous.

Comme vous à Nevers, je ne fais que relater ici ce qui s'écrit dans la presse étrangère. Au moins, à Madrid, le Premier ministre Felipe Gonzalez a-t-il eu la décence, dans un entretien télévisé, à la fin du mois d'avril 1993, de présenter à la nation espagnole « ses excuses pour les erreurs socialistes ». Ce qu'aucun socialiste français ni vous-même n'avez consenti à faire chez nous.

Vous ne pourrez plus longtemps jouer aux ignorants, Monsieur François Mitterrand. Vos amis et vous-même avez achevé de vous déconsidérer dans ce « zoo financier » sans frontières.

En France, en Italie, en Espagne, en Grèce, en Autriche, jusqu'au Portugal ou en Suède... à peu près partout où les socialistes gouvernent ou ont gouverné, la razzia présente les mêmes caractéristiques. Partout, juges et journalistes aboutissent au même constat : les entreprises, les États et a fortiori les contribuables ont été systématiquement détroussés par les représentants de l'Internationale socialiste, protectrice d'intermédiaires de tous poils, de financiers sans scrupules, d'escrocs de haut vol.

Les exactions du tandem infernal Parretti-Fiorini, dont vous n'ignorez pas qu'il a sévi à la fois en France, en Italie et en Espagne, en passant par les États-Unis, le Luxembourg ou la Suisse, sont un exemple édifiant des malhonnêtetés couvertes par les socialistes à l'échelle européenne. Du grand art !

Visant les dessous-de-table perçus à Milan sur les marchés publics par les élus de la « Tangentopolis » (autrement dit la ville des pots-de-vin), l'enquête des courageux juges Colombo et Di

Pietro a abouti à l'inculpation et à la démission de tout l'état-major du Parti socialiste italien. Patron charismatique du PSI depuis 1976, adulé par ses militants, Bettino Craxi a, comme vous, long-temps résisté. Mais il s'est enlisé dans la gigantes-que affaire des « tangentes ». Isolé au sein de son propre parti, finalement largué par nombre de ses « camarades » qui lui doivent pourtant leur for-tune politique, votre vieil ami Craxi a payé cher sa morgue, son outrecuidance.

Au soir du lundi 1er février 1993, nous l'avons vu, via del Corso, à Rome, devant le siège du PSI, distribuer des « allez vous faire foutre » à la petite foule des militants qui n'étaient pas vraiment venus là pour l'encenser. Pitoyable chant du cygne !

À Milan, pour ne parler que de la capitale lombarde, plus d'une centaine de personnes, entrepreneurs et hommes politiques confondus, ont été arrêtés. Votre ami Bettino s'est cru au-dessus des lois au point de passer à la contre-attaque. Comme ses collègues français, il s'est permis d'accuser les juges milanais de « comploter contre les socialistes et contre sa personne », de vouloir « liquider politiquement le Parti socia-liste », de « menacer la démocratie ». À Paris, les socialistes Henri Emmanuelli, Michel Vauzelle ou Roland Dumas ne s'expriment pas autrement.

Les informations judiciaires ouvertes contre Bettino Craxi et ses collègues sont pourtant basées sur les témoignages de plusieurs dizaines d'entre-preneurs. Ajoutées les unes aux autres, elles constituent un faisceau de preuves inquiétant. Craxi n'en a cure. Il persiste et signe : la magistrature, dit-il, utilise « un tissu de mensonges ».

Le 16 mai 1993, le mythique président d'Olivetti, Carlo De Benedetti, s'est présenté spontanément devant les juges de l'opération « Mains propres ». Dans un mémoire remis aux magistrats, il admet qu'après 1983 la pression de la Démocratie chrétienne et du Parti socialiste italien est devenue « systématique, totale, inéluctable ». Dans un premier temps, Carlo De Benedetti essaie de résister, mais « la cause est désespérée ». Il est boycotté. Les ventes d'Olivetti à l'administration des Postes s'écroulent. Elles tombent à 2 milliards de lires, « c'est-à-dire pratiquement à zéro ». En 1988, les « contacts » avec les politiques ont repris : les ventes redémarrent. La différence est « éclatante » : le chiffre d'affaires passe à 204 milliards de lires.

« C'est alors, raconte le P-DG d'Olivetti, que commencent les paiements systématiques qui atteindront 10,025 milliards de lires [*46 millions de francs*] en quatre ans. Fin 1991, je décidai de me rebeller et d'interrompre tout paiement. Depuis, nous n'avons plus reçu de nouvelles commandes des Postes. »

En Italie, la déposition du « Condottiere » fait trembler. Avant lui, Cesare Romiti, l'homme fort de Fiat, était passé aux aveux. Le président d'Olivetti — peut-être pour échapper aux foudres de la justice — a décidé de tout dire. Il n'est pas tendre avec les anciens gouvernants italiens. Il dénonce les méthodes du « régime politique qui, au cours des quinze dernières années, a fait de son pouvoir un instrument de prévarication et de rançonnement de l'activité économique ».

Mon propos, Monsieur le Président de la République, n'est pas, par je ne sais quel travers manichéen, d'opposer prosaïquement à la malhonnêteté avérée d'une famille de pensée la pureté indiscutable de celle qui lui est opposée. Indépendant de tous les pouvoirs, de tous les partis politiques — ce qui ne fait pas du journaliste et de l'écrivain que je suis un citoyen à part, sans âme, ni conviction profonde —, je sais d'expérience que l'improbité des employés n'est pas le propre de la maison du roi.

À droite comme à gauche des hommes se sont sali les mains. Encore faut-il savoir lesquels. Le bon usage de la démocratie impose qu'on laisse la justice établir comment ces dérapages ont eu lieu et dans quelles proportions. Elle seule — et vous le savez bien — peut dire s'ils ont agi sur ordre — de leur parti politique, par exemple —, ou pour s'enrichir personnellement. Écarter d'un geste hautain les questions posées, comme vous et vos amis socialistes vous y êtes employés ces dernières années, au prétexte qu'il n'y aurait pas eu d'enrichissement personnel, relève de la supercherie.

Depuis quand, Monsieur le Président, les élus socialistes seraient-ils au-dessus des lois ? S'il est prouvé qu'ils ont eu recours au trafic d'influence et à la corruption pour alimenter les caisses de leur parti, ils sont passibles des tribunaux comme tout le monde. Même s'ils ne se sont pas enrichis personnellement. Seuls les juges peuvent le dire, après une instruction en bonne et due forme. Il leur appartient de déterminer la part de responsabilité de chacun. Et de trancher si, oui ou non, il y a eu enrichissement personnel. Encore faut-il que l'instruction judiciaire puisse avoir lieu. Or, à chaque fois ou presque, le jeu des différents gardes des Sceaux socialistes a consisté à bloquer le cours normal de la justice, à empêcher l'ouverture des nécessaires informations.

Le coup de bluff permanent

Ce n'est pas à vous, Monsieur le Président de la République, que j'apprendrai comment tant et tant de socialistes honnêtes en sont venus à accepter les plus intolérables corruptions, eux qui, avec vous, poussés par vous, avaient fait de la nécessaire réhabilitation de la morale et de la vertu leur cheval de bataille.

Acceptez que je rappelle dans cette lettre les grandes lignes de l'analyse que je fis de votre morale en politique dans un supplément du *Quotidien de Paris* spécialement consacré aux « affaires du PS ». C'était entre les deux tours de l'élection présidentielle de 1988. Malgré l'annonce de votre inéluctable réélection, Philippe Tesson et moi-même tenions à prendre date. Nous avions dressé le bilan des turpitudes socialistes depuis 1981 et étions convaincus que, après votre réélection, tout allait continuer comme avant. Nous pressentions comment tout cela finirait. Observateur perspicace, Philippe Tesson se demandait déjà :

« Comment démasquer le vieux fripon ? Par la raison ? Mais la raison est toujours fragile devant les sorts que lui jettent les gourous. Par la vérité, alors ? »

C'est très exactement, Monsieur le Président de la République, ce que nous avons toujours tenté de faire. La place me manque ici pour rappeler toutes les affaires qui ont illustré votre séjour à l'Élysée. Je me contente d'évoquer les plus graves. Celles, comme dit Philippe Tesson, qui attestent le mieux « le mensonge et l'hypocrisie historiques dont vous, François la vertu, avez nourri votre haine et votre ambition ».

La télévision, Monsieur le Président de la République, est un outil magique. Et le magnétoscope, une bombe à retardement. Passez donc un jour à la maison. Nous rirons ensemble. Il n'est pas une allocution, une déclaration, une interview de vous qui manque dans ma vidéothèque. Je n'y peux rien : avec Raimu, Francis Blanche, Pierre Dac et Louis de Funès..., vous faites partie de mes comiques préférés. Mon sommeil est souvent agité. Dans mes rêves, vous revenez souvent. Vous êtes avec Bernard Blier et Lino Ventura dans *Les Tontons flingueurs,* ce film où Francis Blanche protège jalousement le magot de la bande, avec ce cri du cœur : « Touche pas au grisbi, salope ! »

Vos cassettes, Monsieur le Président, je me les repasse souvent. Je vous aime beaucoup dans votre numéro du 22 mars 1988 à 20 heures, au journal télévisé d'Antenne 2. Vous vous y êtes invité pour annoncer votre candidature à un second mandat présidentiel. Du grand style ! Vous êtes irrésistible :

« Je veux que la France soit unie ; et elle ne le sera pas si elle est prise en main par des esprits intolérants, par des partis qui veulent tout, par des clans ou par des bandes... »

Lorsque vous lancez cette diatribe, je suis en train de relire le livre d'Alain Peyrefitte, *Quand la rose se fanera*. Ouvrage prémonitoire. Les utiles rappels de l'académicien sur votre passé et votre vraie personnalité m'ont troublé au point que, naïvement, croyant en la sagesse qui vient aux hommes de grand âge, je m'imagine que vous allez, cette fois, adopter un ton digne, mesuré, plutôt que de nous revenir, modèle 1971-1981, sous les traits d'un père de l'univers, d'un Robespierre. Et pourtant, au fur et à mesure que les minutes s'égrènent, vous êtes là, dans l'étrange lucarne, vitupérant en face d'un Paul Amar éberlué, les « partis », les « groupes », les « factions dont l'intolérance éclate tous les soirs dans les propos qu'ils tiennent ». « Partis, groupes, factions, clans et bandes » (rien que ça !) qui menacent — je vous cite — « la paix civile » et « la paix sociale ». Partis, groupes, factions, clans et bandes fantomatiques sortis tout droit de votre imaginaire littéraire.

Triste enflure des mots que vous avez choisis, Monsieur le Président, pour provoquer l'adversaire et le disqualifier, avant même que le débat n'ait commencé. Vous empruntez les bons vieux trucs du terrorisme intellectuel, si bien analysés par Jean-François Revel dans son livre magistral, *La Nouvelle Censure,* paru chez Robert Laffont en 1977.

Ainsi donc, ce 22 mars 1988, l'auteur du *Coup d'État permanent* est devenu le praticien du coup de bluff permanent dans une partie que vous voulez toujours de poker menteur. C'est vous en effet qui écriviez déjà dans ce livre :

« Avant de Gaulle, dit-on, les comités gouvernaient la France. Craignons qu'après lui et à cause de lui ce ne soient les commandos. Jusqu'au moment, du moins, où le peuple reprendra possession de ses droits. »

Variations sur un seul et même thème, cent fois répété : menace des « commandos » avant-hier, des « bandes et des factions » hier, des « chiens » aujourd'hui... Tout cela dans l'unique but d'asseoir votre légitimité sur des mythes dont le peuple de France, il est vrai, est friand.

À la manière de ces historiens qui remettent les pendules à l'heure, en passant au crible le passé des hommes d'État, Alain Peyrefitte a eu mille fois raison, pour éclairer notre lanterne sur votre personnage, de rechercher dans les archives de la République les grands textes portant votre signature. On y retrouve, notamment, ce « décret-loi » — il figure à la page 2656 du *Journal officiel,* en date du 19 mars 1956 — par lequel, en votre qualité de ministre d'État garde des Sceaux chargé de la Justice, vous inventez une notion inédite en droit français, celle de « flagrant crime ». Texte de terreur. Je le soumets au verdict de vos amis de SOS-Racisme. Je le recommande aussi vivement à tous ceux que vous, l'intègre chevalier Ajax de la roche de Solutré, prétendez encore aujourd'hui vouloir sauver des turpitudes de la droite, des complots de juges fanatiques et revanchards, des intolérances de journalistes maniaques

Puisque vous avez choisi, Monsieur le Président, de vous poser devant nous en autorité morale suprême, puisque vous persistez à rester un divin donneur de leçons, un hypocrite professeur de vertu, dont la carrière serait là pour attester la droiture, rien ne me paraît plus révélateur de votre caractère menteur, truqueur, illusionniste et, pour tout dire, farceur, que d'exhumer du *Journal officiel* ce « décret-loi » dont on ne peut douter qu'il vous vaudra un jour, ajouté à toutes vos autres envolées sentencieuses, d'aller quémander votre entrée sous la Coupole parmi nos Immortels :

« En Algérie, les autorités compétentes pourront [...] ordonner la traduction directe, sans instruction préalable, devant un tribunal permanent des forces armées, des individus pris en flagrant délit de participation à une action contre les personnes ou les biens [...] si ces infractions sont susceptibles d'entraîner la peine capitale, lorsqu'elles auront été commises... »

Ainsi, sous Mitterrand en charge de la justice (que vous entendez maintenant sauver des intolérances !), 61 mises à mort furent ordonnées... en 17 mois. Ainsi, on n'avait jamais vu, depuis 1831, un garde des Sceaux présider à autant d'exécutions capitales, en si peu de temps. À cet égard, Alain Peyrefitte raconte, sans bien sûr avoir été contredit par celui qui voulut l'abolition de la peine de mort après 1981, que, en 1956, avec vous, à cause de vous, « la guillotine fonctionnait si souvent qu'elle marchait mal et que les exécutions devenaient aléatoires ». Mieux encore :

« Le ministère de la Justice étant pauvre, François Mitterrand demande même à son collègue Bourgès-Maunoury, ministre de la Défense, d'en fabriquer une autre, ce qui fut fait à l'Arsenal de Toulon, et de la lui livrer gratuitement. »

Le 22 mars 1988, c'est donc vous, le grand humaniste qui naguère aiguisa son verbe à l'ombre de la guillotine, vous, le grand prêtre de la Liberté et des droits de l'Homme, oui, c'est vous, l'orfèvre de la tyrannie des mots et des lois, qui partez en guerre contre les prétendus voyous de la droite, accapareurs de pouvoir, de fortune, trafiquants d'influence, dangereux détenteurs de fonds occultes réunis pour constituer les « noyaux durs » des entreprises privatisées par Édouard Balladur, après mars 1986.

J'en aurais ri, Monsieur le Président de la République, si ce tapioca de veillée de guerre ne m'était resté sur l'estomac. La vie, Machiavel, Freud... m'ont appris que les mensonges les plus gros permettent souvent aux imposteurs, aux démagogues, aux manipulateurs et aux pervers de votre envergure de fonder leur légitimité en imposant aux foules leurs tables de la loi.

Cependant, votre mensonge présidentiel prend maintenant, à mes yeux, une dimension tout exemplaire. Car les dossiers, les innombrables témoignages en ma possession sont là pour confirmer que votre aigre discours — toujours le même ! — n'est pas le fruit d'un obscur cheminement paranoïaque. N'est-ce pas pour vous protéger à l'avance des attaques dont vous-même, vos courtisans, tout votre entourage, votre parti peuvent être la cible — attaques que la pléiade d'affaires judiciaires et d'argent où les socialistes sont impliqués rendent prévisibles —, que vous tentez de recréer le mythe de l'ennemi invisible ?

« Les tendances à l'intolérance, elles existent toujours à l'état endémique dans notre société », dites-vous le 25 mars 1988 sur Europe 1, comme pour atténuer, en flou artistique, une précédente tirade dans laquelle vous accusiez « les partis sectaires, les partis qui veulent tout — je le répète : du pouvoir et de toutes les façons », le citoyen-président affirmant craindre « que, peu à peu, ne monte, dans l'avenir, une sorte de colère sourde ou de refus, que les divisions ne s'accroissent, que l'injustice gagne ».

Pourtant, ce spectre de la « guerre civile », vous ne l'avez jamais vu poindre, depuis 1981, en écho aux agissements délictueux, scandaleux, des gens de votre cour, agissements et délits dont je viens de donner un édifiant florilège. Même votre ancien conseiller spécial à l'Élysée, Jacques Attali, sombre dans le déshonneur et, surtout, le ridicule. Se croyant tout permis, il ne se contente pas de dilapider, dans des dépenses de nabab, les fonds de la BERD, la Banque européenne de Reconstruction et de Développement... des pays de l'Est, qu'il préside à Londres. Il dépouille même votre ami Élie Wiesel en recopiant dans son dernier livre, *Verbatim,* ouvrage d'historien au petit pied, des passages entiers des entretiens que vous aviez accordés à ce Prix Nobel, pour qu'il les publie. Il arrive que le disciple dépasse le maître ! Arrêtez-le, il a perdu la mesure.

Il est inacceptable, Monsieur le Président de la République, que votre parti, le PS, vos camarades moralisateurs et prétendument vertueux, aient des rapports aussi coupables avec l'argent. La liste de leurs méfaits, les avertissements que vous avez reçus de nous et de plusieurs de vos amis auraient dû vous interdire de continuer d'employer l'arme de « l'honnêteté » et de la « générosité » pour vous distinguer de vos adversaires, des magistrats qui vous gênent, des journalistes qui vous regardent dans le fond des yeux. Aussi, auriez-vous dû vous montrer plus à cheval sur les principes, tout au long des gouvernements Mauroy, Fabius, Rocard, Cresson, Bérégovoy. Aux temps heureux où, pour les socialistes, l'argent n'avait plus d'odeur et l'impudence plus de frontières.

J'aurais pu avoir la cruauté de détailler dans ces pages la totalité des « affaires » qui, depuis 1981, se sont ajoutées les unes aux autres jusqu'à noircir irrémédiablement votre image et celle du socialisme.

Affaire des Irlandais de Vincennes ; affaire Lucet ; affaire des terroristes d'Action directe libérés ; affaire Roger Knobelspiess ; affaire Greenpeace ; affaire Luchaire ; affaire du Carrefour du Développement ; affaire Nucci ; affaire Pechiney ; affaires Pelat ; affaire Société Générale ; affaire du circuit de Magny-Cours à Nevers (!) ; affaire Orta ; affaire Radio-Nostalgie à Lyon ; affaire Boucheron ; affaire Ofres ; affaire Giustiniani ; affaire Sormae ; affaire Parretti-Fiorini ; affaire Urba ; affaire Sages ; affaire Trager ; affaire Dufoix ; affaire Habache ; affaire du sang contaminé ; affaires Tapie ; affairette Laignel ; affaire Rouge Baiser ; affaire CFDE ; affaire des missiles africains ; affaire Aletti ; affaire Orcep ; affaire des écoutes téléphoniques ; affaire Caisse des Dépôts ; affaire du scanner de Sarlat ; affaire Adidas ; affaire UTA-Air France ; affaire Saint Laurent-Elf-Aquitaine ; affaire du vol des déclarations de patrimoine des élus (dont Pierre Bérégovoy) à l'Assemblée nationale ; affaire Ademi-Sofremi...

Il me faudrait, Monsieur le Président, plusieurs volumes pour finir d'explorer les « affaires » nées sous votre règne, dont vous nous aviez promis qu'il marquerait le retour de la morale, vous qui, dans l'opposition, déclariez jadis :

« L'argent corrompt, il pourrit jusqu'à la conscience des hommes. »

Comme vous aviez raison !

C'est vrai : la corruption n'a pas commencé avec vous. Sous la droite, sous le général de Gaulle, Georges Pompidou et Valéry Giscard d'Estaing, depuis les débuts de la Ve République, des gouvernements ont été éclaboussés et sont même tombés sous les coups de boutoir d'une presse aux aguets. Mais au moins, sous de Gaulle et Pompidou, le pouvoir n'hésitait pas à envoyer les députés gaullistes, impliqués dans « l'affaire de la Garantie Foncière », se faire condamner en correctionnelle. Il aura fallu que vous accédiez au pouvoir pour que les « affaires » remontent jusqu'à l'Élysée, que ministres, parlementaires, maires et conseillers généraux de votre famille politique s'autoblanchissent en hâte et en catimini. L'irresponsabilité est devenue, dans vos rangs, la règle commune. Seuls quelques lampistes sont abandonnés à la justice.

Vous-même, Monsieur le Président, avez admis, le 9 février 1993, dans un entretien publié par *Le Monde,* que les « affaires » ont eu un « impact considérable » sur l'image des socialistes. Je ne vous le fais pas dire. Vous avez profité de cette occasion pour — lâchement — dégager votre propre responsabilité, vous défausser sur les « indélicatesses » de « quelques élus qui n'ont pas su résister aux facilités que leur proposaient les corrupteurs toujours à l'affût ».

Bel aplomb !

Il ne s'agit pas, comme vous le prétendez tranquillement, de « quelques cas de graves malhonnêtetés » ! Si, comme en Italie, la justice avait pu agir en toute indépendance, les rangs du Parti socialiste à l'Assemblée nationale auraient été vidés avant même la sanction des électeurs en mars 1993.

Affirmer, comme vous persistez à le faire, que ces brebis galeuses n'ont eu que la faiblesse de céder à la pression de « corrupteurs » est une contre-vérité. Innombrables, les dossiers sont là, sous nos yeux, pour confirmer que le PS, avec des structures multiples, a « industrialisé » la corruption, généralisé le racket, le trafic d'influence. Bref, cessez donc de renverser les rôles. Pharisaïque, votre discours ne trompe plus personne.

Voilà ce qu'il me fallait vous écrire, en réponse à votre péroraison nivernaise, devant la dépouille de Pierre Bérégovoy. Je garderai de toutes ces années de « vilenies » le souvenir de l'appel pathétique lancé à l'adresse de la représentation nationale par l'intègre ancien ministre d'État Michel d'Ornano, horrifié par tous les méfaits que vous avez couverts :

« Ceux qui voteront l'amnistie porteront au front, toute leur vie, cette marque d'indignité ! »

L'amnistie ? L'auto-amnistie de vos amis ? C'est vous, Monsieur le Président, qui l'avez décidée, avec votre parti... au risque de vous disqualifier. Vous avez sous-estimé ceux qui vous ont fait roi. En voulant obstruer, détourner, ralentir et, pour tout dire, entraver le cours normal de la Justice, vous n'avez fait que réveiller les consciences... Car nous ne sommes plus au temps où un Maurice

Barrès pouvait s'écrier au Parlement : « Il n'y a pas de loi en France contre les ministres coupables. »

Vous vouliez, Monsieur le Président de la République, entrer dans l'Histoire ? C'est fait !

Jean Montaldo

TABLE

*La composition de cet ouvrage
a été réalisée par l'Imprimerie BUSSIÈRE,
l'impression et le brochage ont été effectués
sur presse CAMERON dans les ateliers de B.C.A.,
à Saint-Amand-Montrond (Cher),
pour le compte des Éditions Albin Michel.*

*Achevé d'imprimer en janvier 1994.
N° d'édition : 13581. N° d'impression : 94/058.
Dépôt légal : janvier 1994.*